PICASSO

Colección
Grandes Biografías

© EDIMAT LIBROS, S.A.
C/ Primavera, 35 Pol. Ind. El Malvar
Arganda del Rey - 28500 (Madrid) España
www.edimat.es

Título: *Picasso*
Diseño de cubierta: *Juan Manuel Domínguez*

Dirección de la obra:
FRANCISCO LUIS CARDONA CASTRO
Doctor en Historia por la Universidad de
Barcelona y Catedrático

Coordinación de textos:
MANUEL GIMÉNEZ SAURINA
MANUEL MAS FRANCH
MIGUEL GIMÉNEZ SAURINA

ISBN: 84-8403-865-3
Depósito legal: M-29692-2003

Imprime: *LAVEL Industria Gráfica*

IMPRESO EN ESPAÑA - PRINTED IN SPAIN

INTRODUCCIÓN

Pablo Ruiz Picasso. He aquí un nombre que simboliza casi por sí solo el arte de la pintura del siglo XX. Se trata de un nombre casi mágico, evocador del ser que revolucionó la pintura, sin ser él, en realidad, un revolucionario, sino más bien y únicamente, un independentista en su arte.

La vida de este singular personaje, de una complejidad asombrosa, es el fiel reflejo de toda una época, una época en realidad de transición, desde el romanticismo del siglo XIX, pasando por la Belle Époque de los «felices años veinte», y el período que abarcan dos guerras mundiales, «las más atroces que vivió nunca la Humanidad», hasta el ateísmo (no religioso sino de cuanto significan los antiguos valores vitales, morales y humanos), que resume y sintetiza la hora actual.

Pablo Picasso, a causa de haber gozado de una existencia muy dilatada, abarcó todos esos períodos, y en un espíritu tan sensible como el suyo, dejaron uno tras otro una profunda huella, que se fue reflejando sucesivamente en su labor pictórica. Por eso, en su labor pueden distinguirse diversas etapas, como la azul, la rosa, el cubismo, el impresionismo...

Para comprender a Picasso y su arte particular, singularísimo, aceptado o negado por la crítica y por sus contemporáneos, pero siempre sublime, siempre único, siempre impactante, es preciso comprender también al Picasso hombre, al Picasso como ser humano.

Y como ser humano, si pintó la violencia, si retrató la miseria, fue precisamente porque le dolía en el alma la condición mísera de muchos de sus compatriotas, de muchos de los que componen la fauna humana en el zoo que es el mundo de los últimos decenios.

Picasso fue un genio y, como tal, sentía como genio, experimentaba como genio, sentía en lo más profundo de su ser todo lo que veía, e incluso sin ver intuía a su alrededor. Tal vez por eso prefirió en muchas ocasiones vivir en medio de la pobreza, que no en medio del lujo, conociendo la falsedad de éste frente a la verdad de aquélla.

Supo extraer la lección de las lacras y las injusticias sociales y aplicarlas a su arte para hacerlo más fecundo, como un grito de denuncia salido de su alma lacerada por el vicio y la pobreza contempladas a lo largo de su vida.

Fue amigo de sus amigos, y artista entre los artistas, bohemio entre los bohemios, y si tuvo varios amores ello fue como consecuencia de la generosidad que no cabiéndole en el pecho, necesitaba desbordarse en los demás. Por eso también compartió muchos estudios con sus compañeros de profesión, pues su corazón necesitaba la simpatía ajena, necesitaba el calor humano de los demás.

Muchos son los detractores de Pablo Ruiz Picasso, pero más son los admiradores de su vasta obra, que actualmente llena todos los museos de la Tierra, siendo objeto de eterna admiración tanto por parte de los entendidos como por parte de los profanos. Este es el maravilloso arte de Pablo Ruiz Picasso.

Bibliografía

ARNHEIM, R.: *El «Guernica» de Picasso*, Gustavo Gili, Barcelona, 1981.

BLASCO, M.: *Picasso insólito*, Gea, Madrid, 1981.

BOECK, W.: *Picasso*, Labor, Barcelona, 1958.

BONET, A. y otros: *Picasso*, Taurus, Madrid, 1981.

CABANNE, P.: *El siglo de Picasso*, Ministerio de Cultura, Madrid, 1982, 4 vols.

CAMÓN AZNAR, J: *Picasso y el cubismo*, Espasa Calpe, Madrid, 1956.

Catálogo de la Exposición Antológica de Picasso, 1881-1973, Madrid-Barcelona, 1981-1982. Ministerio de Cultura-Ayuntamiento de Barcelona. Dirección General de Bellas Artes, Archivos y Bibliotecas.

CIRICI PELLICER, A.: *Picasso antes de Picasso*, Iberia-Joaquín Gil, Barcelona, 1946.

COCTEAU, J.: *Picasso*, Stock, París, 1923.

CRESPELLE, J. P.: *Picasso, sus mujeres, sus amigos, su obra*, Tabern, Barcelona, 1969.

GAYA NUÑO, J. A.: *Bibliografía crítica y antológica de Picasso*, Ed. de la Torre, San Juan de Puerto Rico, 1966.

— *Picasso*, Omega, Barcelona, 1960.

GILOT, F y LAKE, C.: *Vida con Picasso*, Bruguera, Barcelona, 1965.

Grandes pinacotecas (Museos de España): *Museo Picasso*, Ed. Orgaz, Madrid, 1979.

GUIBOURG, ROBERTO: *Pintura Moderna*, Lexicón Kapelusz, Buenos Aires, 1965.

HUELIN, R.: «Pablo Ruiz Picasso», Revista de Occidente, Madrid, 1976.

JAFFÉ, H. L. C. : *Picasso*, Nauta, Barcelona, 1970.

LECALDANO, P.: *Picasso azul y rosa*, Noguer-Rizzoli, Barcelona, 1969.

PAZLAU I FABRÉ, JOSÉ: *Picasso*, Edicions Polígrafa, Barcelona, 1981 (edición en catalán).

PENROSE, ROLAND: *Picasso*, Salvat, Barcelona, 1989.

RAYNAL, M.: *Picasso*, Carroggio, Barcelona, 1966.

RODRÍGUEZ AGUILERA, C.: *Picasso 85*, Labor, Barcelona, 1968.

SABARTÉS, J.: *Picasso. Retratos y recuerdos*, Afrodisio Aguado, Madrid, 1953.

CAPÍTULO I

UN GRAN DÍA PARA MÁLAGA

Efectivamente, lo fue aquel 25 de octubre de 1881, cuando, muy poco antes de las doce de la noche, casi exactamente a las 11:15, lloró por primera vez el bebé que iba a llamarse Pablo Ruiz Picasso, y que iba a dar fama imperecedera a Málaga, a España y que sería faro luminoso en el arte de la pintura del siglo XX.

La familia Picasso

Respecto a sus antecedentes familiares se sabe que un tal José Ruiz y de Fuentes, salió de Córdoba hacia 1790 y se afincó en Málaga, donde se casó con doña María Josefa de Almoguera, de familia encumbrada, y que un hijo de aquel cordobés, de nombre Diego, se casó hacia 1830 con una malagueña, doña María de la Paz Blasco, siendo éstos los abuelos paternos del pintor.

Diego Ruiz tenía un taller de guantería, y era muy trabajador, al parecer. Sus aficiones eran el dibujo y la música, por lo que llegó a tocar el violín en la orquesta del teatro Municipal de Málaga. Aquel buen hombre, según la costumbre de la época, tuvo once hijos. El noveno de ellos, llamado José, fue el padre del futuro genio tras casarse en 1880 con doña María Picasso López, también malagueña.

Y es de notar que fue el apellido materno —Picasso— el que hizo famoso al pintor, quedando el Ruiz de su padre poco menos que en el olvido.

El padre de Pablito, José, estaba decidido desde muy joven a ser pintor y llevar la vida de tal, cosa que en realidad consiguió gracias al apoyo de don Pablo, su hermano, que era canónigo; pero éste pronto se cansó de la vida un tanto disoluta que como buen artista llevaba José, y le urgió a buscar una esposa.

Acto seguido, según la costumbre de la época, toda la numerosa familia empezó a buscar una novia para José, cosa que no resultó difícil, en unos tiempos en que las muchachas casaderas abundaban y cuya única preocupación consistía en hallar marido lo antes posible... aunque no fuese más que para escapar de la tutela paternal.

Sin embargo, José no se avino en principio a casarse con la joven designada, ya que prefería la compañía de una prima suya.

Por otro lado, tampoco pudo efectuarse el casamiento demasiado pronto, puesto que debido al fallecimiento del canónigo Pablo, muerto de modo inesperado, José tardó más de dos años en reunir el dinero suficiente y una situación estable para mantener a una esposa, la suegra y sus hermanas. Según un historiador, «... don José cambió su libertad por un puesto en la Escuela de Artes y Oficios de San Telmo, y aceptó ser conservador del museo local que se albergaba en el Ayuntamiento».

Los Picasso

Aunque el personaje importante sea aquí Pablo Ruiz Picasso, bueno será echar una ojeada a la familia materna, los verdaderos Picasso, puesto que es su apellido el que el gran pintor aureoló con su paleta.

10

Don José Ruiz Blasco, padre de Picasso.

La familia Picasso y López era de condición más modesta que los Ruiz Blasco, aunque en la línea familiar había ya un pintor de Vélez Málaga, llamado Juan, que con el apellido Picasso firmó un retrato en 1850. El padre de la esposa de José, María, era de una familia establecida en Málaga desde un par de generaciones atrás, si bien a él lo educaron en Inglaterra. Tras casarse, fue funcionario en Cuba, y allí falleció, precisamente cuando iba a volver a España, pero aunque don Francisco, que así se llamaba, murió en 1883, la familia se enteró del óbito quince años más tarde.

Los Ruiz se instalaron en la plaza de la Merced, en un piso tercero del inmueble número 36 en la época, y hoy 15. No era demasiado boyante la situación de José y su esposa, puesto que es sabido que cuando no podía pagar el alquiler del piso con dinero lo hacía con cuadros, a los que era muy aficionado el propietario de la casa, don Antonio Campos, marqués de Ignato, quien a la sazón vivía en la misma plaza y estaba siempre rodeado de músicos y pintores.

José, el padre de Pablo Ruiz Picasso, era un hombre de elevada estatura, de buen empaque, bohemio y señorial, de cabello y barba rojos, por todo lo cual sus amigos empezaron a apodarle «el Inglés».

La madre de Pablo, doña María, era morenucha, frágil, de ojos oscuros, muy relucientes, y con ansias de vivir.

Respecto al nacimiento, es sabido que el parto fue muy difícil y doloroso para la madre, y que al infante se le dio por muerto por asfixia. Por suerte, el tío Salvador, que era médico, pensó en soplar al rostro del recién nacido el humo del cigarro habano que fumaba, y el niño reaccionó, lanzando como un bramido.

Poco después, el bebé fue bautizado en la parroquia de Santiago de Málaga, y se le impusieron los nombres de Pablo Diego José Francisco de Paula Juan Nepomuceno María de los Remedios Crispiniano de la Santísima Trinidad Ruiz

Picasso. Tal sarta de nombres preludió ya el surrealismo en el que el futuro pintor se sumergería años más tarde.

Por más que desde más de medio siglo Picasso participara de forma muy activa en las aventuras de la pintura francesa, él se conservó medularmente español. Llevó en sí, en su pensamiento, en su humor, la suntuosa, trágica y grávida herencia hispánica, y la derrochó sin agotarla jamás, en sus cuadros, esculturas, grabados, alfarerías. Esto es evidente. Pero empeñarse en ver en su obra, vocabulario, sintaxis y temas, únicamente a esa España diversa y fastuosa, nutrida de mitos y formas de civilizaciones orientales y de aportes bárbaros y reminiscencias griegas y púnicas, sería exagerar concepciones sistemáticas.

En la formación de su genio tendrían la parte más importante la España de Góngora y de Goya, la España del barroquismo modernista de Gaudí, el anarquismo y el ánimo de rebeldía catalanes, una España muy particular, ardorosa, subversiva, violenta y apasionada. Sea lo que fuere, ningún artista extranjero que haya vivido y trabajado en Francia tanto tiempo, asimiló menos que él las costumbres y el espíritu franceses, ninguno se mantuvo más fiel a sus orígenes. Pues todo en Picasso será contradictorio: vida, carácter y obra.

Aparte del enorme revuelo que suscitaría su ensalzada y discutida personalidad, Pablo Ruiz Picasso demostraría constantemente ser un pintor español de extraordinaria potencia; ésta sería sin duda su característica dominante. Por otra parte, siempre haría gala de la más completa independencia y de un incontenible afán de afirmar su espíritu de iniciativa.

No es de extrañar, pues, que ningún artista de nuestra época haya ejercido tanta atracción como él sobre el público y sobre los marchantes, y que despertara tantísimo asombro, hasta conocer un éxito que no tendría parangón en el arte contemporáneo por su rotundidad. Su «caso» reflejaría de un modo tan sintomático la condición de nuestra inquieta y movediza época, que los críticos andaran materialmente de cabeza cuantas veces se propusieron «situarlo» en un lugar definitivo dentro de la valoración del arte contemporáneo. Encauzaría su pintura por las más diversas direcciones, dejando un camino para tomar otro, cuando le pareció bien hacerlo y esto, que aureoló su persona de un extraordinario prestigio, haría recaer también sobre sus hombros una abrumadora responsabilidad.

CAPÍTULO II

LA INFANCIA DE UN GENIO

¿Acaso se distinguen en algo las criaturas que han de ser futuros genios? Naturalmente, tenemos el caso de Wolfgang Amadeus Mozart, o el de Arturito Pomar, campeón de ajedrez a muy corta edad, y otros, pero lo más normal es que el genio no despierte hasta pasada al menos la pubertad, aunque sí puede demostrar unas dotes de inteligencia poco comunes en los estudios primarios.

Pablo Ruiz Picasso, al parecer, pese a cuanto hayan dicho en contra sus biógrafos, no fue un niño excesivamente distinto de los demás. Se cuenta, no obstante, la siguiente anécdota:

> En diciembre de 1884, cuando el niño tenía tres años de edad, un terremoto sacudió Málaga y su padre José, que se hallaba fuera de casa en aquel instante, acudió a salvar a los suyos, llevándolos a casa de su colega Muñoz Degrain, que estaba ubicada en una zona más segura, al parecer.
>
> Se dice, a raíz de este caso, que unos cincuenta años más tarde, haciendo alarde de una memoria excepcional, Pablo Picasso describió la escena a su amigo Sabartés con todo lujo de detalles:
>
> —Mi madre llevaba un pañuelo sobre la cabeza, cosa que nunca le había visto llevar antes. Mi padre cogió la capa del perchero, se la echó sobre los

15

hombros, me cogió en brazos y me arropó en sus plie-
gues, dejándome sólo libre la cabeza.

No hay duda de que un terremoto es algo insólito, capaz de grabar en la mente de un niño todo cuanto ocurre en aquel instante a su alrededor. ¿Cuántos no son los niños de tres y cuatro años que pueden describir a la perfección la casa donde nacieron, aunque sólo viviesen en ella tres o cuatro años, e incluso el tapizado del dormitorio?

Hay otras pruebas de la pseudo retentiva visual de Picasso en su niñez, y sin que esto sea desmerecer el genio del pintor, se trata de hechos carentes en absoluto de importancia.

Lo que sí es cierto, es que siendo aún muy pequeño, Pablito gustaba de emborronar papeles y cuadernos con espirales trazadas a lápiz, espirales que para él estaban llenas de sentido. Esta tarea le entretenía horas y más horas, haciéndole muy dichoso al parecer. Más adelante, empezó a dibujar, con rayas y líneas diversas, el suelo de la plaza de la Merced.

Pablo, pues, aprendió a dibujar a edad muy temprana, mas tampoco representa esto ningún hecho fuera de lo común, teniendo en cuenta el ambiente que le rodeó desde su nacimiento: un padre amante de la pintura, conservador de un museo, y sus amigos, de los mismos gustos que él. Es decir, en el caso de Pablo Picasso sí puede decirse: «De casta le viene al galgo».

Las corridas de toros

El padre de Pablo Ruiz Picasso fue un pintor bastante limitado, aunque más perfecto cuando pintaba bodegones de frutos y caza, o bien temas con animales, especialmente palomas. Acostumbraba a dibujar primero el tema del cuadro en un papel, lo recortaba y luego combinaba el conjunto hasta quedar satisfecho. Entonces, pasaba al caballete.

Pablito se entendía muy bien con su padre, el cual transmitió al hijo no sólo la afición a la pintura sino su otra gran pasión: las corridas de toros.

En efecto, José asistía a todas las corridas que se daban en Málaga, y cuando ya fue algo mayorcito, Pablito le acompañaba en tales ocasiones.

El espectáculo de los *Arlequines de Seda y Oro* (según título de una obra sobre el toreo, original del autor catalán Amichatis, comunista que fue luego gran admirador de Picasso), fascinaba al pequeño. Cuando, contando ya Picasso unos ochenta años, Brassaï le preguntó si todavía era asiduo espectador de las corridas de toros, respondió:

—Sí, han sido y son mi gran pasión. Pero a veces no puedo ir... Entonces, mis pensamientos están en la plaza, oigo el pasodoble, veo a la gente, la entrada de la cuadrilla, el primer toro embistiendo al caballo... Un día lamenté tanto no poder ir a una corrida, que empecé a evocar todas sus fases. Y esto me metió de lleno en la tauromaquia...

A juzgar por estas palabras, parece como si Picasso sólo se hubiese dejado alucinar por el oropel de la fiesta y no por la tragedia que en sí misma conlleva.

En el Museo Picasso de Barcelona se encuentra un dibujo a lápiz sobre papel hecho por el artista a los nueve años; es la obra de un muchacho que ya se nos muestra muy meticuloso y observador, pero también con capacidad de abstracción. La escena taurina, en que los compañeros protegen al matador indefenso, ha sido trazada con una gran precisión, donde no faltan ni los «machos» de la parte inferior de los pantalones del matador y de los peones ni los números de las barreras del público. En cambio, sólo vemos dibujados tres acalorados espectadores. El resto, sólo son simples insinuaciones con unos hábiles garabatos. Tampoco falta ningún detalle en las palomas de la parte superior.

La obra está titulada y firmada: *El último toro*, P. Ruiz.

Picasso confesaba (al parecer, salvo alguna honrosa excepción) que no había realizado nunca dibujos de niños, porque por encima de todo quería gozar de la libertad, no como a otros niños que los encierran en dicho género con el pretexto de no cohibirles. Un día cogió papel y lápiz, se fue al pasillo de su casa en donde había una estatua de Hércules con su clava y lo dibujó. Por aquellos años Picasso también empezaba a pintar.

Si los dibujos y pinturas de la época malagueña manifiestan una gran capacidad de observación y de espontaneidad de trazo para un chiquillo de nueve años, cuando aprendió el sistema de *collage*, el pequeño pintor reflejó una gran capacidad de simplificación, como la *Paloma recortada* y el *Perro recortado*, ambos recortados de una hoja de papel y exhibidos también en el museo dedicado al artista de Barcelona. La silueta precisa y modelada de los dos animales se halla sólo alterada por unas incisiones, pocas pero concretas: un agujero para el ojo, una línea curva para situar el ala de la paloma y unos tijeretazos en la barbilla del perro.

El escenario cotidiano del pequeño artista espoleaba con ahínco su ya fértil imaginación, puesto que en la malagueña plaza de la Merced ya citada, donde vino al mundo, como en la barcelonesa plaza de Cataluña, la paloma era el animal dueño y señor del paisaje urbano. ¡Tantas veces les había dado comida y jugado con ellas Pablito! Y cuando no, se le posaban en el alféizar de la ventana de su propio cuarto y así las podía observar más de cerca. El padre, limitado en su técnica creativa, poseía la suficiente perspicacia para saber hasta dónde se barruntaba que podía llegar aquel genio en ciernes y, «sangre de su sangre», le animaba con toda clase de motivos, incluso a sabiendas de que le habría de superar con creces.

La riente ciudad de Málaga, abierta al Mediterráneo como una exótica perla casi tropical, dilataba la pupila del muchachito, llenándola de luz y color y recalcando nítidamente los contornos de las personas, animales y cosas. Poco pensaba que pronto debería cambiar el cálido sol sureño por un paisaje más gris y lluvioso, escenario del «finisterre» hispánico, como sería el de la herculina ciudad de La Coruña. Pablito iniciaría así ese constante de «acá para allá» de su vida, pero en lugar de anonadarle y de someterle a lógicas depresiones, enriquecían su creatividad, y esa polifacética creatividad se vería reflejada en la paleta.

CAPÍTULO III

PICASSO, ESTUDIANTE

Cuando le llegó la edad, a Pablito le inscribieron en una escuela. Según lo contado por él mismo más adelante, el estudio era su punto negro. No le gustaban los números ni las letras, al parecer, hasta el extremo de que su padre se preocupara por sus malas notas. Pese a los esfuerzos de sus maestros, el niño no adelantaba, aprendiendo mal y a regañadientes.

Don José, pintor y artista por naturaleza, acabó por convencerse de que su hijo no estaba destinado a aquellos estudios y dejó que prosiguiese su senda por los caminos del arte, a los que el niño estaba decididamente predestinado. José veía que su hijo pintaba ya muy bien, o que al menos prometía unas dotes inmejorables, y trató de alentarlo en su afición.

Así, hizo que Pablito le acompañase muchas veces en su trabajo en el Museo Municipal, para que aprendiera los secretos del arte de la pintura. Después, le hizo asistir a la Escuela de Artes y Oficios Artísticos, de la que el propio José era profesor, y de este modo pudo comprobar los adelantos del pequeño discípulo. Por lo visto, Pablito, a edad temprana ya probó diversas disciplinas artísticas, incluso el modelado, si bien fue siempre mejor en el dibujo, puesto que lo mismo reproducía a carboncillo y lápiz los vaciados de yeso, que trazaba apuntes del natural.

Picasso, en aquella época, aprendió mucho de Antonio Muñoz Degrain, pintor de cierto renombre, que se trasladó a Málaga a fin de decorar el nuevo teatro Cervantes. Muñoz Degrain se dedicaba especialmente a pintar cuadros históricos, muy en boga en aquellos tiempos, pero también se dedicaba a un paisajismo en cierta forma cercano al naturalismo y al impresionismo (que finalmente ha desembocaron en el género *naïf*), pero ambos géneros apenas se practicaban ni se conocían en España.

El padre de Pablito, por otra parte, pudo enseñarle muchos trucos del oficio, como recortar y combinar pedazos sueltos de cuadros, como un avance del *collage*, maquillar o disimular modelos improvisados y quizá pegar a una tela objetos que luego cubría con pintura.

Todo esto era ya como la semilla que más tarde daría un magnífico fruto dentro del campo de la pintura y la escultura.

Abandono de Málaga

Como por lo visto el padre de Pablito no conseguía salir a flote con sus empleos, y en 1887 nació otra niña en el matrimonio, con lo que «la casa se quedó intolerablemente pequeña», José y su familia, a pesar del cariño que le tenían a Málaga, decidieron abandonar la ciudad, para ir a ocupar el puesto de profesor de dibujo en el Instituto General de Segunda Enseñanza de La Coruña. ¡Qué cambio tan radical! De las tierras soleadas y rientes de Andalucía, a las tristezas lluviosas y húmedas de los pazos gallegos. Pero lo cierto es que en el mes de septiembre de 1891, cuando a Pablito le faltaba sólo un mes para cumplir los diez años, él y sus familiares embarcaron con rumbo a Finisterre, que si no es el fin del mundo, sí lo es de la península Ibérica por el Noroeste.

En La Coruña

La travesía por mar encantó a los pequeños, no así a los padres, que hartos ya de la monotonía de las olas, decidieron desembarcar en Vigo, desde donde llegaron por tierra a La Coruña. En esta

Doña María Picasso López de Ruiz, madre del pintor.

ciudad se instalaron en una casa de la calle de Payo Gómez, cercana al instituto donde iba a dar clases el bueno de don José.

Fue en ese mismo instituto donde se matriculó Pablito, si bien en el examen de ingreso hubo cierta ayuda prestada al niño por un catedrático, amigo de su padre.

Pablito seguía sin ser un buen estudiante.

Debido a esto, y siempre con la protección, casi diríamos la complicidad de su padre, Pablito se dedicó principalmente a pintar y dibujar, por lo que cabe decir que el genio de Pablo Ruiz Picasso se debe de manera especial a la comprensión bondadosa y cómplice de su progenitor, quien seguramente estaba, de todos modos, muy lejos de adivinar hasta dónde llegaría aquella afición de su vástago.

Pero lo cierto es también que los progresos de Pablito eran asombrosos, como se ve en los dibujos de aquella época. El pequeño pintor dibujaba cuanto le rodeaba, captando la realidad tal cual la veía, sin adornos ni requilorios de ninguna clase.

Una de sus modelos preferidas era su hermana Lola. Conchita, la menor, murió de difteria, la mortal enfermedad infantil de aquellos tiempos, poco después de llegar a Galicia. Aparte de Lola, Pablito tenía como modelos a los pescadores portuarios, sus barcas y sus redes, o bien tomaba apuntes del faro llamado Torre de Hércules, justamente famoso.

Uno de los dibujos de los últimos tiempos pasados en La Coruña por los Ruiz Picasso está titulado por el propio autor *Esperando la vez*. Es obra de Pablo cuando todavía no contaba catorce años de edad, y en el dibujo se ve a una joven en pie junto a un cubo de madera con asas y aros metálicos, como esperando su turno ante una fuente. Se trata de un dibujo que, según los críticos, posee ya un acabado perfecto, de trazo certero y aplomado.

Anteriormente, en concreto a sus ocho o nueve años de edad, Picasso ya había dado muestras de su gran precocidad y de su prematuro genio, al pintar un óleo sobre madera, titulado

El Picador, que se considera su primer cuadro, y del que su autor nunca quiso desprenderse.

Las telas pintadas en La Coruña son ya realmente importantes, y según el biógrafo Penrose, el propio padre de Pablito lo reconoció de una manera tal vez un tanto brusca, pero profundamente emotiva. Penrose lo cuenta de este modo:

> *Frecuentemente, su padre le permitía acabar ciertas partes, de manera especial las patas de pichones muertos del bodegón. Después de recortar las del ave, las fijaba con agujas a la mesa, en postura apropiada para que Pablito las copiase.*
>
> *Don José se iba tornando perezoso y raras veces salía de casa sino para ir a misa. Cuando no trabajaba, permanecía junto a la ventana viendo caer la lluvia. Una tarde en que el tiempo era menos agresivo, marcó a su hijo una tarea y se fue a dar un paseo por la Torre de Hércules.*
>
> *A su vuelta, las palomas estaban concluidas con tal fidelidad en las patas, que don José, en un arranque de emoción, entregó bruscamente a Pablo sus propios pinceles, los colores y la paleta, afirmando que el talento de su hijo estaba ya maduro, que era realmente mucho mejor que el suyo, y que él ya nunca volvería a pintar.*

A ese gesto paternal es a lo que en los toros, de que tanto gustaba, se llama «dar la alternativa».

A partir de entonces, el padre pidió a varios de sus amigos que posaran para su hijo, y los retratos, al decir de muchos, eran de un asombroso parecido, destacando siempre en ellos los rasgos más esenciales e incluso sus psicologías.

Intermedio malagueño

En la primavera de 1895, Picasso pintó un óleo sobre tela, que aún se conserva, y que todavía impresiona a cuantos lo conocen. Se titula *La muchacha de los pies desnudos*, donde se observa ya una técnica de verdadero profesional de los pinceles. Tal vez la composición resulta todavía ciertamente académica (ésta era la influencia ejercida en Pablito por su padre), pero no hay duda de que el claroscuro y la corrección de la figura quedan quebrantados en la parte inferior del cuadro con la pesadez de los tobillos de la muchacha y de los pies, que asoman por debajo de las raídas faldas.

Fue por aquel entonces cuando la familia tuvo que trasladarse nuevamente a otro punto de España. Ello fue así porque un profesor gallego de la Escuela de Bellas Artes de Barcelona, sintiendo morriña por su tierruca, propuso cambiar su cátedra por la de don José, a lo que éste, harto ya de la tristeza del cielo coruñés, aceptó encantado aquella oportunidad de trasladarse a Barcelona, de nuevo a orillas del Mediterráneo.

Sin embargo, antes de radicarse en la ciudad condal, los Ruiz Picasso fueron a pasar una temporadita en Málaga, la ciudad de sus amores, con la que siempre habían mantenido un contacto lo más estrecho posible.

Toda la familia, tanto de la parte materna como de la paterna, acogió a Pablito con simpatía y admiración, conocedores de sus progresos en la pintura y el dibujo, y le dieron toda clase de facilidades para sus actividades. A este respecto se cuenta la siguiente anécdota:

> *El tío Salvador, que le había asignado una especie de beca por valor de 5 pesetas diarias, cantidad nada desdeñable en aquella época, le cedió una habitación en sus oficinas como estudio, y le facilitó un viejo marino para que posase como su modelo. Picasso le hizo un retrato maravilloso (que también conservó siempre con sumo aprecio), pero la verdad es que el pobre tío Salvador se vio muy apurado para buscar nuevos modelos... con prisas extraordinarias...*

¡porque Pablito había terminado el retrato del viejo marinero casi en menos que canta un gallo!

Pablo incluso consiguió que posara para él la tía Pepa Ruiz, una especie de ogro femenino, que vivía con los familiares paternos, completamente intratable, beata y solterona.

Las prisas por pintar de que Picasso estaba poseído en aquella época no le abandonaron jamás, y de aquí se deriva la inmensa cantidad de obras que produjo, de todas las especies y todos los estilos. Ni siquiera, cuando más adelante se entregó a la molicie y al encanto de la vida bohemia, que tanto incita a la pereza, dejó de crear continuamente con gran asombro de propios y extraños.

En La Coruña, la vida de los Picasso transcurrió de forma gris y tranquila como contraste al ambiente soleado y luminoso de su ciudad natal. La gran cantidad de días lluviosos y brumosos provocó en Pablo como evasión una temática ya variada, esa abundancia ya no le abandonará como no lo hará la gran cantidad de técnicas empleadas: carboncillo, lápiz, pluma, acuarela, óleo.

Picasso inició el bachillerato (1.er curso) en el Instituto Eusebio da Guarda de La Coruña, vetusto instituto cuyo edificio primitivo todavía se conserva en la plaza de Pontevedra de dicha ciudad, y a partir de 1892 compaginó sus estudios con algunas clases en la Escuela de Bellas Artes. Se ha dicho que la carrera artística de Picasso comenzó en la bella ciudad de Riazor.

De aquella época sobresale, además: una *Cabeza de fauno*, copia de un molde en yeso probablemente de una estatua romana o pompeyana. Es un ejercicio típico de las escuelas de Bellas Artes para aumentar la capacidad de observación de los alumnos. El realizado por Picasso muestra, a pesar de sus todavía pocos años, sus grandes posibilidades futuras.

Picasso comienza a pintar al óleo *Hombre con boina* del que los expertos critican que no capta todavía con facilidad el volumen, si bien la composición está bien estudiada y elaborada.

Durante la época coruñesa el artista, además de dibujar, se inició en el retrato y el paisaje realizado sobre pequeñas «láminas» de madera, fáciles de trasladar por sus medidas. De éstas sobresale *La alcoba del domicilio del Sr. Ramón Pérez Costales*, asturiano afincado en La Coruña, médico, escritor, orador y político inmortalizado por la famosa novelista gallega Emilia Pardo Bazán. El dormitorio es intimista y recuerda hasta cierto punto la pintura de Mariano Fortuny.

El doctor Pérez Costales, que fuera ministro de Fomento y de Bellas Artes durante la Primera República, también fue retratado. El tono aplomado de este personaje nos indica la penetración psicológica que ya entonces poseía el artista y contrasta con *El mendigo de la gorra* que se halla en la línea del *Hombre de la boina*. Uno de los temas que desarrollará durante la época azul, el de la humanidad desvalida.

La Enferma (La Coruña, 1894) es una composición que prefigura su famosa *Ciencia y Caridad*. Por su parte, *Escena campesina* (La Coruña, 1895), sobresale más que nada por la frescura del trazo, los tonos claros y el hecho de que las cosas sean insinuadas con gran agudeza.

Finalmente, una pequeña *Marina* nos muestra el famoso mar embravecido coruñés del Orzán o el «Arco Artabro»; en el horizonte un barco de vela lucha probablemente por sobrevivir, ni más ni menos como todavía sucede en la actualidad, a pesar de los adelantos técnicos.

Del intermedio malagueño (verano de 1895) se conserva el retrato de un *Viejo pescador* llamado Salmerón, alquilado como modelo y pintado por Picasso con una rapidez tan increíble que desconcertó a sus familiares. El artista no se contenta con exponer sus rasgos sino que parece que quiere profundizar en su interior a pesar de que sólo tenía trece años.

CAPÍTULO IV

PABLITO RUIZ PICASSO CONOCE BARCELONA

Fue en septiembre de 1895, tras las vacaciones pasadas en Málaga, cuando la familia Picasso, o mejor Ruiz Picasso, se instaló en Barcelona, cosa que hicieron, y ello era natural, con mejores ánimos que en Galicia.

No era solamente el clima, mucho más bonancible que el de La Coruña por estar suavizado por el Mediterráneo, sino también porque Barcelona era, en aquella época, casi una sucursal de París, especialmente en todo cuanto se refería al arte en sus múltiples facetas.

Pero Picasso, en realidad, seguramente debido a su corta edad y a la influencia que sobre él ejercía todavía su padre, más en la pintura que en su vida, aunque no descuidase tampoco ésta, no se dejó arrastrar por las nuevas corrientes imperantes en arte en la ciudad condal.

Independencia a medias

El padre de Pablito pasó, pues, a ocupar el puesto de profesor en la Escuela de Bellas Artes, que estaba instalada en la Lonja, por lo que pretendió que su hijo, que a la sazón iba a cumplir los catorce años, ingresara en las clases superiores de «Antigüedad, Natural, Modelo y Pintura». Siendo hijo de un profesor, se allanaron todas las dificultades, de

29

las que no era la menor su corta edad, y Pablito pudo presentarse a exámenes.

La prueba consistía, especialmente, en un dibujo hecho del natural, para cuya ejecución se concedía un mes de plazo, pero (aunque esto no se vea apoyado por una prueba concluyente), Pablito realizó el dibujo en sólo un día. Según un informe fidedigno:

> *Los dibujos presentados por Pablo al examen, sobre papel con estampillado oficial, subsisten todavía. La innegable habilidad técnica que muestran queda subrayada por un brutal desprecio a los idealizados cánones clásicos de la proporción humana. Como en los días tempranos en que dibujaba palomas para su padre, copió cuidadosamente cuanto veía, sin el menor propósito de adular al modelo. Éste, con su complicado rostro de morenas mejillas, sus apretados músculos y piernas, quedó dibujado con sencillo realismo en toda su patética desnudez.*

Gracias a ese dibujo, aprobaron a Pablo, admitiéndosele en la Escuela de Bellas Artes, y ello hizo que su padre le admirase más todavía, hasta el extremo que, si bien la familia al llegar a Barcelona se instaló en un piso de la calle Cristina, próxima al puerto, don José no tardó en buscar un piso en la calle de la Merced, también por aquellas lindes, donde asimismo alquiló una habitación cercana que entregó a su hijo para que la utilizase como su estudio personal.

De todos modos, no gozó Pablito de una independencia total en su trabajo en aquel estudio, puesto que su padre acudía muy a menudo a verle, dándole consejos e influyendo en él y en la escuela pictórica que seguía, es decir, una escuela llena de prejuicios y perjuicios académicos.

30

Tal vez para escapar de manera más decisiva a la tutela paterna, Pablo buscó otro estudio a no tardar mucho, en un lugar más apartado.

Fue por entonces cuando empezó a preocuparse por su firma. ¿Cómo debía firmar sus cuadros y sus dibujos? No le gustaba lo de Pablo Ruiz, creyendo que el Picasso resultaba más sonoro, o al menos más extraño, más insólito, particularmente, como explicó él mismo más adelante, debido a las dos eses, consonante inexistente en castellano, aunque no así en catalán.

> *Probablemente lo adopté* —le explicó a su amigo Brassai—, *por eso. ¿Sabe lo que me atraía de ese apellido? Pues sin duda las dos eses, bastante inusitadas en España. Picasso es apellido de origen italiano, como sabe... El apellido que se tiene o el que se adopta tiene su importancia. ¿Me imagina usted llamándome Ruiz? ¿Pablo Ruiz, Diego-José Ruiz o Juan Nepomuceno Ruiz? Tengo no sé cuántos nombres de pila. ¿Se ha fijado en las dos eses de los apellidos de Matisse, Poussin o del «aduanero» Rousseau?*

Una crítica en verso

Pablito Ruiz (todavía no era Pablo Picasso) continuó, pese a todo, pintando y dibujando de acuerdo con las enseñanzas recibidas de su padre, acometiendo asimismo la composición de lienzos de gran tamaño, como el titulado *Ataque a la bayoneta*, que se perdió, o *Guerra y Paz*, del que solamente quedan algunas referencias.

Sin embargo, el más célebre de esta época, pintado en 1896, llamado al principio *La visita a la enferma* vio cambiado su título por el de *Ciencia y caridad*. Se trataba de un cuadro de gran tamaño, y según uno de sus críticos, «de una consistencia en la realización asombrosa en autor tan joven». Se trata de un cuadro «con asunto». Éste es el de un doctor, cuyo modelo fue don José, que toma el pulso a una enferma postrada en cama, y teniendo a un lado a una monja con un niño en brazos.

Este cuadro obtuvo una mención honorífica en la Exposición Nacional de Bellas Artes de 1897, y la medalla de oro en Málaga.

Pero Sabartés relata que un crítico publicó unos versos satíricos, referentes a dicho cuadro, en los que entre otras cosas decía:

> *Siento ante tanto dolor*
> *reírme como un bergante,*
> *pero el caso es superior.*
> *¿Pues no está el señor doctor*
> *tomándole el pulso a un guante?*

Por aquella época pintó otros cuadros «de asunto», entre los cuales cabe citar *Primera comunión* y *El monaguillo*. Tales obras fueron expuestas en 1897 en Barcelona, incluyendo un cuadro pintado en La Coruña: *El hombre de la gorra*. Pero la exposición constituyó un fracaso, pues las ventas fueron inexistentes.

Picasso, al llegar a Barcelona, vivió primero en la calle Cristina, cerca del puerto y de la Barceloneta, más adelante se trasladó con sus padres a la calle de la Merced que, aunque más alejada, continuaba perteneciendo al barrio marítimo que la burguesía catalana abandonaba para trasladarse al Ensanche. Aquel barrio antiguo era un abigarrado conjunto de callejones, algunos de ellos que hundían sus raíces en la época medieval, ya que la Vía Layetana (abierta hacia 1910-1912) y la plaza de la Catedral, todavía no existían. Sin embargo, aquel vetusto barrio y la playa cercana eran fuente de inspiración para el joven artista. Así, su cuadro *Playa de*

Casa natal de Picasso, en la plaza de la Merced, Málaga.

la Barceloneta, se trata de un apunte en color en el que le preocupa también la perspectiva y, por ello, sitúa la montaña en último término y en el primero un caballo proporcionalmente de mayor tamaño. La Barceloneta constituía aún un barrio de pescadores y marinos, en el que paulatinamente se iban instalando obreros procedentes de la inmigración.

Durante esta época, Picasso pintó también un autorretrato, numerosos retratos de sus padres y escenas familiares, y el espectáculo de las calles barcelonesas atrajo pronto a este precoz muchacho andaluz que deseó captarlo en todos los aspectos. Como vivía cerca del Borne o plaza del Mercado Central, su barrio siempre estaba lleno de carros y caballos, de aquí su apunte: *Mula*, pero no solamente los animales de carga, sino los que los guiaban. Así, el *Catalán con barretina y otros apuntes* es probable que sea un típico hombre acarreador de mercancía o traginer de la cercana estación de ferrocarril de Francia, o del Borne. La acuarela posee una vivacidad que parece recién hecha... Los apuntes que se hallan alrededor nos muestran la curiosidad de su autor.

CAPÍTULO V

PABLO RUIZ, EN MADRID

Decidido a romper con lo tradicional, aunque sólo dentro de lo posible todavía, Pablo se trasladó a Madrid, después de pasar una breve temporada en Málaga. Una vez en la capital de España, ingresó en la Escuela de Bellas Artes de San Fernando y volvió a exponer los mismos cuadros que en Barcelona.

Pero su asistencia a las clases fue casi nula, por lo que en sus confidencias, que fueron muchísimas a lo largo de su vida, aseguró que de aquella época pasada en Madrid sólo recordaba los alrededores de la plaza del Progreso, hoy día Tirso de Molina, y las calles de aquel barrio, Lavapiés, Embajadores, Válgame Dios, etcétera, y la bullanga, la gente dicharachera, que hablaba ya como los personajes de los sainetes de don Carlos Arniches.

Picasso anduvo entonces muy escaso de dinero, y debido a eso y al ambiente en que se movía, triste, mísero, su frenesí pictórico sufrió un bajón. La verdad es que trabajó muy poco. De él dijo, refiriéndose a aquellos días, Ramón Gómez de la Serna:

> *Picasso deambula por el emborrillado Madrid de entonces, penetrándole por la suela de las botas lo que ha de ser después principal base de sus renovaciones, la plasticidad de lo visible, que emborrillará de grises senos las telas de la primera pesadilla cubista...*

¿Tuvo razón Gómez de la Serna? Es muy posible, puesto que tal vez de aquella temporada pasada en los barrios bajos de Madrid, del Madrid castizo y jaranero, pero también sórdido y miserable, ese Madrid que tan bien supo retratar Benito Pérez Galdós, surgió la llamada época azul y el pintor de los bajos fondos.

Final de la etapa matritense

Ya se ha dicho que Pablo no asistió a menudo a las clases de la Escuela de Bellas Artes de San Fernando, y no obstante los exámenes de ingreso en ella habían sido tan brillantes como los realizados anteriormente en la Lonja de Barcelona. ¿Por qué no frecuentó aquellas clases con más asiduidad? Seguramente porque comprendió muy pronto que entre aquellas vetustas paredes no aprendería nada nuevo, sino que se vería constreñido a continuar pintando académicamente, de acuerdo con las tendencias clásicas.

Lo que sí hacía, en cambio, era frecuentar el Museo del Prado y copiar los cuadros de los grandes maestros. Lo peor para el arte de Picasso era que como no disponía de dinero para adquirir nuevas telas, solía pintar encima de las viejas, por cuyo motivo se han perdido muchas de las obras de entonces.

Finalmente, tal vez debido al clima frío del traidor invierno de Madrid, o a la falta de alimentos realmente nutritivos, o más seguro a una combinación de ambas cosas a la vez, Pablo cayó enfermo de escarlatina. Al llegar junio, ya convaleciente y en franca recuperación, abandonó Madrid y regresó al hogar paterno de Barcelona, donde tenía su estudio y sus amigos, entre los que se contaban Manuel Hugué, al que llamaban *Manolo*, Carlos Casagemas, los hermanos Junyer y Manuel Pallarés y Grau.

Un interludio refrescante

En Barcelona encontró de nuevo a uno de sus amigos, Manuel Pallarés y Grau, el cual pertenecía a una familia que vivía en Horta de San Juan, pueblo de la provincia de Tarragona, lindando ya con el Bajo Aragón. Y ni corto ni perezoso, Pallarés invitó a Picasso a pasar una temporada en su casa, donde acabaría de reponer su maltrecha salud, y donde seguramente hallaría nuevos y buenos motivos para sus telas y sus dibujos. La tentación era demasiado fuerte, y Picasso no se resistió.

Llegaron en tren a Tortosa y desde allí hasta el pueblo fueron ambos montados a caballo. Ya en Horta de San Juan, Picasso no tardó en olvidar sus tristes experiencias de los barrios bajos madrileños, cuando empezó a respirar el aire puro del campo tarraconés, y vivió en medio de gentes rústicas pero bondadosas, todo honradez y buen corazón.

Fue allí donde Picasso perfeccionó su catalán, que adoptó como idioma particular. Su vida en aquel pueblo le fortaleció física y mentalmente, hasta el punto de que años más tarde diría:

> *Todo lo que sé lo aprendí en el pueblo de Pallarés: cuidar de un caballo, dar de comer a las gallinas, sacar agua de un pozo, hablar con la gente del campo, hacer nudos sólidos, equilibrar la carga de un burro, ordeñar una vaca, hacer bien el arroz, tomar fuego del hogar...*

Uno de sus biógrafos, termina esta cita con las siguientes palabras:

> *Allí aprendió Picasso a utilizar sus manos, su corazón y sus oídos. No podía recibir mejor lección y nunca mejor lección fue tan bien aprovechada.*

Cuando llegó el verano, Pablo y Pallarés se marcharon a las montañas, donde treparon a altas cimas y durmieron en las cuevas naturales, en plena Naturaleza. Fue probablemente allí donde también vio las luces cambiantes de las distintas horas del día, no empañadas por nada, los grandes contrastes de los colores crepusculares...

Picasso, en Horta de San Juan todo lo absorbió, todo lo almacenó en su espíritu, tal vez esperando ya el día en que podría aprovecharlo plenamente en su ingente labor pictórica.

Fue en aquel pueblo donde hizo un retrato en el que figuran el nombre de la modelo y la fecha en que lo pintó: «Josefa Sebastià Mendra. Horta de Ebro, noviembre de 1898.»

Es muy posible que Picasso sintiera por Josefa algo más que el aprecio que todo pintor suele sentir hacia su modelo, y quizá por eso prolongó su estancia más de lo planeado en el pueblo de Manuel Pallarés.

Fue en aquellos días cuando pintó un cuadro, *Costumbres aragonesas*, a instancias de su amigo. Ese cuadro obtuvo una tercera medalla en la Exposición Nacional de Bellas Artes, y más adelante ganó la medalla de oro en la Exposición Provincial de Málaga.

Pero sin duda, Picasso lo utilizó más adelante para pintar otro cuadro encima, pues lo cierto es que se ha perdido por completo. También se sabe, a causa de una de las críticas que recibió, que *Costumbres aragonesas* no poseía una composición demasiado afortunada.

Sin embargo, sus cuadros sobre *La Riera de San Juan vista desde una ventana* o *Mas del Quiquet*, la vista de un pueblo, *Riera de San Juan*, u *Horta de Ebro* y su *Paisaje montañoso*, son unos paisajes idílicos, luminosos y naturalistas en los que dominan los colores amarillo, terrosos, el azul y también la gama malva y violeta. En esta estancia en el citado pueblo, Picasso estuvo a punto de perecer ahogado de no ser porque el hermano pequeño de Manuel Pallarés, Salvador lo salvó cuando le arrastraba la corriente. Fue por entonces cuando Picasso se enteró de la derrota española en la guerra de Cuba contra los yanquis.

El color se independiza y deja de lado la pincelada porque ya no tiene una preocupación realista, razón por la cual pinta un cielo amarillo, inexistente en la realidad. En diversas ocasiones, Picasso llegó a manifestar: «Todo lo que sé lo aprendí en Horta de Ebro» o de San Juan. Desde luego, la afirmación es exagerada. Picasso siempre había estado vinculado de alguna manera al academicismo más tradicional y a partir de entonces se libera para pintar en libertad.

CAPÍTULO VI

LA INFLUENCIA DE «ELS QUATRE GATS»

¿Qué era «Els Quatre Gats»? Simplemente, un local, un café de principios de siglo, decorado de manera barroca, sito en la calle Montesión, una de las angostas travesías que parten del Portal del Ángel.

El propietario de aquel local era Pere Romeu, que lo había fundado en 1897, el cual anunciaba así el establecimiento: «Cervecería gótica para los amantes del Norte y patio andaluz para los del Sur», y se ofrecía a «quienes amen la sombra de los pámpanos y la exprimida esencia de las uvas».

En dicha cervecería se reunían varios de los intelectuales bohemios de Barcelona, entre los cuales no podían faltar Santiago Rusiñol, Miguel Utrillo, Ramón Casas, Nonell... y otros de los más conspicuos pintores, escritores y humoristas de aquella bohemia que, como Casas y Rusiñol, era ciertamente dorada.

Todos ellos estaban animados de un mismo sentimiento: la novedad, el inconformismo con las ideas de sus predecesores... Es decir, lo que las nuevas generaciones vienen haciendo seguramente desde que Caín mató alevosamente a su hermano Abel: detestar lo anticuado, implantar nuevas modas, nuevos modos, nuevas ideas, para a su vez verse desplazados y despreciados por la siguiente generación, en una especie de rueda de giro infinito.

Y fue a esa sociedad a la que se unió, como tenía forzosamente que suceder, Pablito Picasso. Fue Jaime Sabartés quien

41

lo presentó a aquel dichoso círculo artístico. Picasso no tardó mucho en sentirse plenamente involucrado con aquellos hombres de ideas a la sazón revolucionarias, y tanto fue así que muy poco después de empezar a frecuentar el local, el mismo Romeu le encargó un cartel anunciador de «Els Quatre Gats»*.

Fue precisamente en «Els Quatre Gats» donde Picasso expuso veintiuna acuarelas y dibujos, casi todos retratos de los bohemios más asiduos al establecimiento de Romeu, y entre dichos dibujos se hallaba uno de Sabartés, que hoy día está expuesto en el Museo Picasso de Barcelona.

Varios de dichos retratos los vendió a sus propios modelos por el irrisorio precio de una o dos pesetas. Aquella exposición apenas tuvo resonancia, a no ser un comentario aparecido en *La Vanguardia*, en el que se reconocía que algunos de los retratos poseen carácter y hay que achacar las impericias y descuidos a la edad del autor.

Sin embargo, entre los habituales al famoso café-cervecería sí triunfó Picasso, pues sus retratos fueron acogidos entusiásticamente.

Picasso en el barrio Chino de Barcelona

Mientras tanto, Picasso seguía pintando telas y telas en su estudio, que ahora tenía establecido en la calle de Escudillers o Escudelleres, que éste es su verdadero nombre. Aquel estudio era una habitación no muy amplia, cedida por el escultor Cardona, y estaba ubicado en el número 1 de dicha calle.

Lo cierto es que Picasso pintaba y pasaba las noches de juerga en el barrio Chino barcelonés, una especie de sucursal de

---

* La frase «Quatre Gats» o «Cuatro Gatos», significa de manera despectiva, que en cierto sitio, local público mejor, no acude nadie o casi nadie. Pero la verdad es que aquel establecimiento estaba siempre altamente frecuentado por la distinguida bohemia de la ciudad.

Montmartre o el Quartier Latin de París, con ingentes cantidades de bares, restaurantes misérrimos, hoteles de baja categoría y prostíbulos por doquier.

Era allí donde Pablo Picasso pasaba las noches, lo cual no impedía que durante el día se mostrase muy trabajador, y no olvidase a sus familiares, a los que visitaba casi a diario.

También solía acudir a la tertulia literaria que celebraban todos los domingos en casa de su viejo amigo Carlos Casagemas, donde conoció a varios literatos y otros artistas de la paleta.

Y precisamente a causa de esos nuevos conocimientos sintió avivada su curiosidad por la «Meca del Arte», por la capital del lujo y de la moda, al menos por aquel entonces: París, con su imán mágico, con su incentivo deslumbrador para todo joven que se preciase de bohemio y modernista.

Y a París se fue Picasso con Carlos Casagemas y Manuel Pallarés, tal vez como una imitación del Carro de la Alegría, de Rusiñol, no tal vez dispuesto aún Pablo a conquistar ya la Villa Lumière, pero sí al menos a estudiar de firme todo lo que pudiese aprender de los grandes maestros que triunfaban no sólo en París sino en el mundo entero.

Picasso, en sus largas estancias en tertulias y en especial entre los artistas que frecuentaban «Els Quatre Gats», escucha y observa con sus escudriñadores ojos a sus contertulios. Animado por ellos, definitivamente, tiene el coraje necesario para romper con el academicismo de las escuelas de arte. La influencia de Nonell y de Ramón Casas será entonces evidente.

Un claro ejemplo de ella será *El diván* en el que aparece una de las escenas del barrio Chino barcelonés que nuestro artista tan bien conocía. Aquí los personajes apenas si muestran los rostros, mientras que los objetos aparecen bien delimitados por líneas gruesas de trazo fuerte y seguro, como si quisiera hacer notar la presencia en conjunto. Nos hallamos ante una obra plenamente fauvista-expresionista.

Una pareja se presenta pues «amartelada» en un diván, de forma harto despreocupada. Hay una mesa de por medio, larga, de antiguo café, con una botella de vino de ínfima calidad encima. En la pared pueden verse un cuadro circular y otro cuya composición es el torso de una mujer desnuda, quizá aludiendo a lo que «ofrece» el establecimiento. En una puerta y delante de un cortinón una «celestina», tipo frecuentemente repetido por Picasso.

Uno de los ejes principales del barrio Chino era la calle Conde del Asalto, actual Nueva de la Rambla (carrer Nou de la Rambla) iniciada en la Rambla, en la que se abrían (y todavía existen) numerosos bares, cafés de mayor o menor reputación, etcétera. Uno de ellos era el «Edén Concert», cabaret a la francesa en donde realizó en la versión de Tolouse Lautrec en el más famoso Moulin Rouge. Por eso cuando marchó a París se encontraba estupendamente preparado.

Sigue el retrato de su gran amigo Jaime (Jaume) Sabartés sentado. Acuarela y carboncillo sobre papel. A Sabartés lo conoció en el taller de la calle Escudellers Blancs número 1 que Picasso compartía con el hermano del escultor Cardona. Sabartés será después poeta. Luego de un alejamiento, los dos amigos volvieron a encontrarse y Picasso, ya en París, le haría su secretario personal. Picasso Pintó una veintena de retratos de su amigo de los que el Museo de la Ciudad Condal posee nueve, además de once composiciones humorísticas de las que Sabartés es el protagonista principal. El primero de los retratos, uno de los más famosos, capta la actitud mística e introvertida de su amigo sentado casualmente delante de un fondo ideal; se titulaba *Poeta decadente*. Picasso quiso simbolizar en su amigo todo el famoso movimiento modernista barcelonés.

Los años anteriores a su marcha a París, el mundo del simbolismo y del expresionismo influyen entonces en la obra picassiana. Las producciones de Eduard Munch y de Van Gogh se hallaban presentes en su retina.

44

CAPÍTULO VII

PICASSO Y SU PRIMERA VISITA A PARÍS

Como Nonell tenía un estudio en la calle de Gabrielle, número 49, allí fueron a parar los tres bohemios aventureros. Era la época de la Exposición y la gran ciudad estaba inundada de turistas y gente del mundo entero, ávido de contemplar las maravillas de la ciencia y el arte modernos. Pero Picasso y sus amigos tan sólo estaban interesados en los museos y galerías pictóricas, además de explorar concienzudamente los distritos de Montmartre, el Quartier Latin o Montparnasse, cuyo ambiente se diferenciaba muy poco del que conocían en Barcelona.

Retrato de Picasso en aquella época

¿Cómo era Pablo Ruiz Picasso cuando estuvo en París por primera vez? Según los autorretratos de aquel tiempo, Pablo era de una estatura mediana, y llevaba el cabello muy negro, bastante desgalichado, luciendo un flequillo, que jamás abandonó. Llevaba chalina, cosa obligada entre los bohemios artistas, una barba poblada y sus ojos, muy negros, hundidos, le daban un aspecto casi misterioso, sumamente interesante. Tocaba la cabeza con un sombrero de anchas alas, y el cuerpo lo disimulaba con un abrigo muy ancho que casi le tapaba los pantalones abombados, también propios de los artistas de fin de siglo.

Según Cirici Pellicer:

> *Los que fueron compañeros suyos en aquella época refieren lo poco comunicativo que era Pablo, aunque tuviera rasgos de humor espontáneo y manifestase una rara precisión en sus juicios. Desde el primer momento, su temperamento dividió a los que le trataban, en adoradores y enemigos.*

¿Era vanidoso tal vez? Es muy posible. La juventud suele serlo siempre. Cualquier logro parece a los jóvenes una proeza inigualable, y Picasso había demostrado su talento en diversas ocasiones, ya a temprana edad. Por tanto, es perdonable que fuese quizá vanidoso, un poco altanero y, por supuesto, retraído, como encerrado en sí mismo.

La aventura de París

Si Carlos Casagemas se llevó de París un inmenso disgusto, puesto que, enamorado de una muchacha, se vio despreciado por ésta al parecer, y esto lo dejó amargado, desesperado en grado sumo, Pablo no pudo quejarse, en cambio, del viaje a la Ville Lumière.

Había visitado, entre otras galerías, la que poseía una tal Berthe Weill, y ésta le adquirió tres cuadros de temas taurinos, que él había pintado en Barcelona, por los que le pagó 100 francos, lo cual no estaba del todo mal.

Además, en dicha galería Pablo conoció a Pedro Mañach, un industrial barcelonés a quien le interesaba el negocio de la compraventa de cuadros, y el cual hizo a Pablo una proposición que el pintor aceptó encantado: Picasso pintaría para él con un sueldo fijo de 150 francos, y la seguridad de exponer en París si el pintor disponía de suficientes telas. La exposición tendría lugar en la sala de Ambroise Vollard, que

El pequeño Pablo Ruiz Picasso, a los cuatro años de edad.

gozaba de reconocida fama gracias a los pintores impresionistas, que ya empezaban a hacer furor.

Por otra parte, en París, Picasso había aprendido mucho de los grandes maestros, visitando salas y museos de todas clases, y extasiándose en el Louvre, aunque siempre se inclinó más por el estudio de los pintores modernistas, particularmente Degas, Gauguin, Van Gogh y Toulouse-Lautrec, cuyos carteles especialmente sabían captar con unos cuantos rasgos toda la vida parisién.

Picasso examinaba todos aquellos cuadros con la visión siempre dispuesta a captar todos los méritos, y también todos los posibles errores, así como sus orígenes.

Estando en París, pintó varias telas, de las que cabe destacar, más su estilo personal que Picasso mostraba en este período, la fuerte influencia del espíritu parisién de la época, un espíritu que queda plasmado en dos de los lienzos más representativos del momento *Can-can* de Toulouse-Lautrec y *El baile del Moulin de la Galette* de Auguste Renoir, este último de estilo francamente impresionista. En el mismo vemos una sala de baile, donde se amontonan las bailarinas y las damiselas que lucen unos sombreros adornados con flores, según la mejor tradición del momento. Se trata de un cuadro de trazos exactos, como en pinceladas sueltas, cuya luminosidad parece proceder no solamente de las lámparas de gas del salón sino incluso de los vestidos vaporosos de las damas y de las chisteras de los caballeros, según dijo un buen crítico de arte, añadiendo:

La técnica de los pintores de la luz fue vista y comprendida (por Picasso) *de una sola ojeada, y el artista demostró que en su nuevo estilo había adquirido una habilidad magistral.*

Remedará así a los grandes maestros franceses, por lo que respecta a las obras anteriormente citadas: Tolouse-Lautrec neoimpresionista, y al Renoir impresionista.

El Impresionismo había nacido a la vida pública en 1874 cuando al dar cuenta el periodista Leroy de una exposición en la que figuraba un cuadro del pintor Claude Monet titulado *Soleil levant Impression*, tituló su artículo burlescamente: *Exposición de impresionistas*. Figuraban en la exposición, además de Monet, los definidores después de la nueva corriente artística, el mencionado Renoir y Degás y aunque no les agradó el apelativo, pues preferían que se les llamara «independientes», terminaron por aceptarlo y organizar nuevas exposiciones bajo ese lema.

Para los impresionistas, la realidad es la apariencia puramente transitoria de las cosas, ofrecida al pintor en el momento de contemplarlas; más que una realidad, lo que existe es una serie de realidades creadas por la luz y por los reflejos de los cuerpos en el momento mismo en que son contemplados.

Los grandes descubrimientos físicos de la época contribuyen a que dichos pintores transformen la técnica pictórica. Así, los estudios de Chevreul, enunciador de *La Ley del contraste simultáneo* (1839) les demuestra científicamente que los colores se intensifican con su complementario, que nuestra retina tiñe la sombra con el complementario del color del cuerpo que la proyecta, que la simple yuxtaposición de dos colores primarios produce en la retina el secundario correspondiente, etcétera.

Por eso, en lugar de aplicar los colores ya mezclados en la paleta, deciden emplear la técnica denominada de la «división de tono», es decir el uso de los colores puros en el cuadro para que sea nuestra retina la que realice la fusión y cree el nuevo color. El pincel se limita a dar pinceladas sueltas creadoras de vibraciones cromáticas.

El gran lienzo de Renoir, *El baile de Moulin de la Galette*, es una magistral evocación de un baile público parisién, al aire libre, plasmación del placer de vivir francés del siglo XIX. Por su parte, en *Can-can*. —Título que hace referencia al famoso baile que hizo furor en los cabarets de Montmartre a fines del siglo XIX y comienzos del XX, en especial en el no menos famoso Moulin Rouge—, será Toulouse-Lautrec, un pintor aristócrata, atormentado por su deformidad física, consecuencia de un accidente sufrido en la infancia, el que plasme la vorágine de aquella vertiginosa danza, bailada quizá por muchachas probablemente tan angustiadas espiritualmente como él mismo.

CAPÍTULO VIII

REGRESO A BARCELONA

Pese a todo, Picasso y Carlos Casagemas, éste con la deses-
peración arraigada en su corazón, volvieron a Barcelona aquellas Navidades. Picasso todavía tenía muy arraigado el amor a
la familia, amor que en realidad no le abandonó nunca. Pero en
aquella ocasión, tal vez debido a la amargura de Casagemas y
al deslumbramiento sufrido en París, no gozó tanto como pre-
veía junto a los suyos, tal vez ya excesivamente influido por el
ambiente creado por su círculo de amigos de «Els Quatre Gats»
y otros locales más o menos semejantes.

Y como le afligía sobremanera la obsesión de Carlos por
su amor imposible, decidió finalmente llevárselo consigo a
Málaga. Allí, bajo aquel riente cielo, bañado todo por el sol
andaluz, estaba seguro de que su amigo reviviría prontamente.

Y a Málaga se marcharon ambos el 30 de diciembre, dis-
puestos a pasar en Andalucía el último día, no ya del año,
sino del siglo XIX, y el primero del siglo XX.

Desdicha sobre desdicha

Pero las cosas no rodaron bien desde el principio. Cuando
llegaron a la fonda de «Las Tres Naciones», donde pensaban
alojarse por estar cerca de donde vivía una de las tías pater-
nas de Pablo, les fue negado el albergue. La causa era su indumentaria. En efecto, los dos jóvenes amigos vestían a la usanza

bohemia. Llevaban el pelo largo y alborotado, las barbas poco cuidadas, y sus modales francamente «extranjerizados»; por todo eso, el dueño de la fonda sintió crecer su desconfianza ante aquella pareja.

Pablo, naturalmente, acudió a su tía, la cual habló con el fondista en favor de su sobrino y el amigo que le acompañaba. Pero este suceso provocó cierto escándalo entre los familiares de Pablo Picasso, no siendo el menos enojado el buen tío Salvador, cuyos reproches fueron al parecer tan feroces que Pablo terminó por romper toda relación con sus parientes malagueños.

Por otra parte, Carlos Casagemas no había mejorado ni con el azul del cielo andaluz ni con el tibio aroma del aire. Igual que hiciera al llegar a Barcelona procedente de París, empezó a recorrer las tabernas y los «tablaos» flamencos de la ciudad de Málaga, emborrachándose estúpidamente, en su deseo de olvidar sus pesares amorosos. Y Pablo, viéndolo en tal estado, decidió abandonarlo a su suerte, dejando al mismo tiempo la ciudad de su niñez, a la que ya no volvió jamás.

Regreso a la ciudad condal

Picasso había decidido regresar a Barcelona, al lado de sus padres y de sus amigos bohemios, pero antes pasó unos meses en Madrid. Una vez en la capital no tardó en trabar conocimiento con un catalán llamado Francisco de Asís Soler, el cual vendía un aparato inventado y patentado por su padre: un cinturón que curaba todos los males. Gracias a las ventas que había logrado, Soler no estaba mal de fondos, y llevado por sus aficiones artísticas, junto con Picasso fundaron una revista, titulada *Arte Joven*, cuyo redactor era el propio Soler, y cuyo ilustrador era Pablo Picasso.

El primer número de la revista apareció en el mes de marzo de 1901, pero en julio salió ya el postrero, por falta de fondos y de ventas.

Picasso, en Madrid, se había alojado primero en la calle del Caballero de Gracia, una de las que se salvaron de la picota con ocasión de la apertura de la Gran Vía y que tanta popularidad le había dado el maestro Federico Chueca, pero no tardó en trasladarse a la calle Zurbarán, cuyo nombre al menos concordaba con la profesión que había abrazado Picasso.

Durante los escasos meses en que salió la revista, Picasso trabajó denodadamente en la misma, y como dice Penrose:

> En la revista se publicaron varios artículos de tendencia nihilista de Martínez Ruiz, el cual defendía la abstención de votar en las elecciones bajo el eslogan de «Muera la ley». Arte Joven proclamó la rebeldía de una nueva generación que estaba orgullosa de su idealismo y de su violencia.

Estando en Madrid, Picasso recibió una noticia que le afectó profundamente: Carlos Casagemas había fallecido en París. A causa de su obsesivo tormento, en pleno día y en el café «L'Hippodrome» del bulevar Clichy, se había matado de un pistoletazo. Pablo acusó aquel duro golpe, pues acababa de perder a un verdadero amigo.

Después, convencido de que la muerte de *Arte Joven* era tan irremediable como la de su amigo Carlos, decidió regresar definitivamente a Barcelona.

Sin embargo, cuando vuelva a París en la primavera de 1901 vivirá en el mismo estudio del bulevar Clichy que había compartido con Casagemas. El fallecimiento de su amigo le impactó fuertemente, hasta el punto de que más tarde el propio artista manifestaría que la «muerte de Casagemas probablemente cambió el rumbo de mi vida; aquella tragedia me impresionó extraordinariamente». Preso de aquella obsesión decidió expulsarla plasmándola en el lienzo.

De esta forma iniciaría una serie de retratos póstumos y composiciones conmemorativas que culminarían en el ambicioso *Entierro de Casagemas*. Hasta el punto de volver al escenario del suicidio y reproducir la escena en un cuadro denominado originariamente *En el Café del Boulevard de Clichy, donde se suicidó Casagemas*.

En el primer retrato póstumo realizado por el artista, Picasso realizó un esbozo hecho deprisa y corriendo sobre cartulina. La herida de la bala aparece como una mancha dominante sobre la sien derecha, es decir en el punto en que especificaba el informe policial y que le explicaron Pallarés y Manolo, testigos presenciales del hecho. Todo él rezuma delicadeza y romanticismo.

En los otros dos cuadros, ejecutados por las mismas fechas, o quizá poco después, se muestra a Casagemas en su ataúd con los ojos cerrados y el rostro delgado y lúgubre. Uno de ellos anuncia el inicio de su época azul por su predominio de dicho color. En el otro, una vela enorme arde al lado del ataúd con brillantísimo y variado colorido rojo, amarillo, azul y verde. Vela que iniciará trascendentalmente otras en la producción picassiana y que pueden significar la luz de la verdad, como en el aguafuerte de la *Minotauromaquia*. Y los primeros estudios de su famosísimo *Guernica*, mientras que otras veces significan mortalidad, como en las naturalezas muertas de 1939 con cráneo de toro.

Pero la vela de la muerte de Casagemas recuerda el arte del malogrado, genial y alienado pintor holandés Van Gogh, a caballo entre el impresionismo, el expresionismo y el fauvismo. Influencia que Picasso dejará sentir como consecuencia de la exposición retrospectiva del artista holandés celebrada en París en 1901. Van Gogh, Casagemas, los dos pusieron fin a su vida de idéntica forma. Picasso, genial observador de la vida, tomó buena nota de ello.

54

CAPÍTULO IX

OTRAS EXPOSICIONES CON VARIA FORTUNA

Cuando volvió a la ciudad condal, sus amigos de «Els Quatre Gats» decidieron celebrar una exposición de sus obras, que tendría lugar en la prestigiosa Sala Parés. En la exposición se exhibieron dibujos al pastel, que había ejecutado en París, y la serie tuvo una acogida casi entusiasta. Utrillo, usando el seudónimo de «Pinzell», le dedicó una crítica ponderada, en el número del mes de junio de la revista *Pel i ploma*, donde ensalzaba el realismo del joven pintor:

> *El arte de Picasso es extremadamente joven. Dotado de un espíritu observador que no perdona las debilidades de la gente, consigue extraer belleza hasta de lo más horrible y lo anota con la sobriedad de quien dibuja porque ve y no porque sabe hacer narices manierísticas...*
>
> *En París le han aplicado un mote: su aspecto, el sombrero de alas anchas* (chambergo), *pasado por las intemperies de Montparnasse, los vivos ojos de meridional capaz de dominarse, el cuello envuelto en legendarios lazos ultraimpresionistas, han inspirado a los amigos franceses el sobrenombre amistoso de «Le petit Goya». Creemos que el aspecto físico no ha mentido, y el corazón nos dice que tenemos razón.*

El artículo, aparecido en catalán, estaba ilustrado con un retrato de Pablo Picasso, ejecutado por Ramón Casas, donde se ve a Pablo erguido sobre la Butte de Montmartre, vestido tal como lo describía la pluma de Utrillo.

Otro crítico, a propósito de aquella exposición de la Sala Parés, escribió también:

> Hay en estos dibujos una maravillosa luminosidad de color, habitualmente enfocada con un solo halo de luz. En La mujer ante el espejo, la luz que es el propio espejo luce con un azul brillante, mientras que en El abrazo, dibujo donde dos amantes aparecen sólidamente enlazados, es la blusa de la mujer la que alumbra la composición con su rojo ardiente.

Picasso ya había aprendido, esto es indudable, de los impresionistas estudiados en París. Y fue a esa ciudad a la que Pablo se trasladó de nuevo en junio de 1901. Iba acompañado en esta ocasión por su amigo Jaime Andreu Bonsome. Una vez en París, Pedro Mañach los instaló en su estudio, situado en un tercer piso del número 130 del bulevar Clichy.

Mañach, el tratante de cuadros, se mostró angustiado ante el silencio de Picasso, quien no había cumplido el contrato que con él tenía. Sin embargo, Picasso tenía ahora obras suficientes para celebrar una exposición, por lo que Mañach acabó por tranquilizarse respecto al convenio. Rápidamente, llevado de su proverbial dinamismo, Mañach organizó una exposición en la sala de Vollard.

La galería Vollard estaba situada en la calle Laffitte, número 6, y en la exposición, además de los cuadros y dibujos de Picasso, se exhibían obras de otro pintor español, también una excelente promesa, Francisco Iturriño.

Picasso contribuía a la exposición con 64 cuadros, casi todos al óleo, y bastantes dibujos. La exposición estuvo abierta al público del 25 de junio al 24 de julio (día de la conmemoración de la toma de la Bastilla, o fiesta nacional de Francia), y en el catálogo de las obras había un prólogo escrito por el comediógrafo Gustave Coquiot. La exposición pudo ser un éxito, pero el verdadero resultado de la misma es todavía hoy una incógnita. Si hay que atenerse a las *Memorias* de un vendedor de cuadros del propio Vollard, allí se lee lo siguiente:

> *Hacia 1901 recibí la visita de un joven español, vestido de manera harto abigarrada, que trajo a mi casa un compatriota suyo, a quien yo no conocía demasiado. Era un industrial barcelonés. El compañero de «manache» era el pintor Pablo Picasso, el cual, a sus diecinueve o veinte años, ya había pintado un centenar de telas, que me traía con miras a una exposición. Esta exposición no tuvo ningún éxito y, en mucho tiempo, Picasso no halló mejor acogida del público.*

A lo largo del libro, Vollard dedicó algunas frases más al pintor malagueño, y de ellas se desprende que sentía poca simpatía por el joven.

En cambio, en el catálogo de aquella exposición constó que se habían vendido al menos 9 cuadros, dando el nombre de los adquirentes; y además, se ve allí que se vendieron otros mientras se celebró el certamen.

También la exposición tuvo eco en la prensa de París, y así en *La Revue Blanche*, Feliciano Fagus escribió un artículo que tituló: «L'invasion espagnole: Picasso», en el que, entre otras cosas, decía:

> *La nueva expansión hispana, esta vez totalmente pictórica, aparece dotada de una imaginación áspera, sombría, corrosiva, y a veces incluso magnífica... De*

hecho, todos esos artistas se hallan ligados por un señalado aire de familia: por debajo de las aparentes influencias se advierte a sus grandes antepasados, lo que está muy bien, y especialmente a Goya, genio doloroso e hiriente. Por ejemplo, en Picasso, deslumbrante recién llegado.

Max Jacob

Max Jacob visitó la exposición de las galerías Vollard. Jacob era un judío que había nacido en Inglaterra, y profesaba la crítica de arte, siendo al mismo tiempo poeta vanguardista y magnífico escritor de todos los géneros literarios, incluido el teatro. En realidad, no obstante, Jacob era algo así como la antítesis de Picasso, producto netamente meridional.

En efecto, Max Jacob vestía con sumo atildamiento, era naturalmente elegante, aun dentro de su pobreza, y por lo mismo sintiose, al parecer, atraído por la vitalidad y, ¿por qué no?, por el descuido del pintor de Málaga recriado en Barcelona.

También se sintió subyugado por el desordenado estudio de Pablo o, mejor dicho, de Pedro Mañach, hasta el punto de que más adelante, relatando de qué manera nació su amistad con Picasso, escribió:

> *Estaba rodeado de un enjambre de pintores pobres españoles, con los que se sentaba en el suelo para comer y charlar. Pintaba hasta dos o tres cuadros al día, llevaba una chistera como la mía, y pasaba las tardes entre los bastidores de los* music-halls *de aquellos días, retratando a las* vedettes. *Hablaba poco francés y yo nada de español, pero nos entendíamos muy bien.*

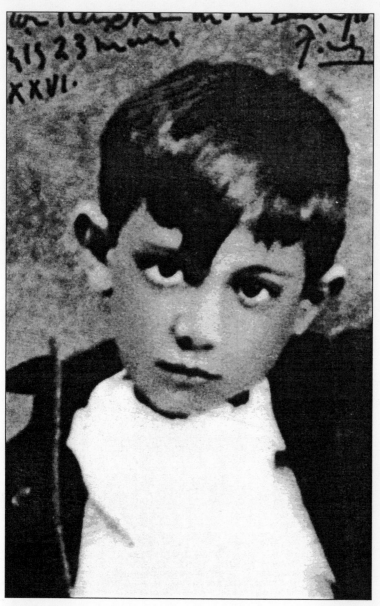

Retrato de Picasso niño, que él mismo dedicó años más tarde a Nusche, en París.

59

Finalmente, Max Jacob, llevado por el ambiente, pasó a formar parte de la pandilla de pintores españoles pobres, aportando al círculo sus vastos conocimientos de los poetas «malditos» franceses, como Rimbaud y Verlaine, y sobre la cultura europea de la época. Acompañaba a Picasso a los cabarés de peor nota, las paredes de uno de los cuales, «Le Zut», decoraron entre ambos.

CAPÍTULO X

EL FRENESÍ DE PICASSO

Pintar de dos a tres cuadros al día significa una labor ímproba incluso para el mejor de los pintores. Pero era así como Picasso trabajaba con sus pinceles y sus lápices, pese a no dejar de entregarse a una vida totalmente bohemia, donde la molicie se hallaba a la orden del día.

Aquellos días fue cuando ejecutó *La nana*, de acuerdo con la técnica puntillista más depurada, si bien convirtió las pequeñas pinceladas en una especie de nube de un colorido brillante y confuso, donde no se sabe bien si el fondo ilumina a la figura o viceversa.

Otro retrato magnífico es el de *La cortesana del collar*, cuya influencia de Van Gogh es evidente, si bien Picasso le sobrepujó en su capacidad para reflejar el carácter de la persona central, usando en cambio una gran sencillez de medios.

Unos meses después que Pablo, Jaime Sabartés llegó también a París, y naturalmente se agregó al grupo de bohemios del bulevar Clichy. Fue Sabartés quien contó después la impresión que le causaron los nuevos cuadros de su amigo, por sus «tonalidades violentas, de colores abigarrados, que al primer golpe de vista producían el efecto de colorines de baraja de cartas».

Sabartés, según confesión propia, necesitó algún tiempo para acostumbrarse a tales cuadros que, al principio, no eran para él más que «chafarrinones».

Por aquella época, Piccaso pintó un cuadro que en realidad hacía historia: *Niña sentada*.

Pero, fiel a su carácter retraído, con esa desgana de que suele hacer gala la juventud, particularmente la juventud bohemia, Picasso no tardó en hastiarse de París, y hasta de su amistad con Pedro Mañach, cuyas relaciones rompió poco después y, ante el estupor de propios y extraños, decidió volver a Barcelona que, durante muchos años, fue en realidad el eje alrededor del cual giró su vida.

Fue en febrero de 1902 cuando Picasso salió, pues, de París, sin darse cuenta de que con el cuadro mencionado antes había iniciado su «época azul», que tanta resonancia debía tener en su estilo pictórico, significando un profundo cambio en su arte, ya entregado por completo a su propia personalidad.

París quedaba a su espalda, la bohemia del bulevar Clichy habíase desvanecido más allá de los Pirineos, y a Pablo le esperaba otra vez el ambiente familiar y el de sus amigos catalanes, con los que se sentía plenamente identificado desde que en el comienzo de su adolescencia abandonara las brumas de las regiones gallegas.

CAPÍTULO XI

LA ÉPOCA AZUL PICASSIANA

Cuando Picasso llegó nuevamente a Barcelona se fue a residir con su familia a la calle de la Merced. No tenía dinero y a su edad tenía ya que ganarse el sustento por sus propios medios, puesto que sus padres apenas tenían lo justo para mantenerse, aunque dentro de una posición un poco acomodada.

Poco después de llegar a la ciudad condal, Pablo se instaló con su amigo Ángel Hernández Soto en el número 6 de la calle del Conde del Asalto, denominada por todos los barceloneses calle Nueva (carrer Nou), puesto que en aquella época lo era.

Picasso compartía un ático con terraza que daba a las Ramblas.

En dicho ático continuó su existencia bohemia, ganando algún dinero en la publicidad, pintando anuncios y solucionando mal que bien la diaria existencia.

Pablo, como se ha dicho, continuó con la bohemia iniciada unos años atrás, como un verdadero noctámbulo, más amigo que nunca de sus amigos, que esta vez tenían el círculo de reunión en el estudio del fotógrafo y grabador Juan Vidal, en la plaza de l'Oli, frecuentado especialmente por Ramón Raventós, que era escritor, y su hermano Jacinto («Cinto»), que no tardaría en ser célebre. También acudían a aquel «cenáculo» los hermanos Fernández Soto, Isidro Nonell, ya famoso pintor, y un escritor, más bien ensayista, cuyo nombre empezaba a sonar: Eugenio d'Ors, o Xènius, autor que sería de *La ben plantada*.

El color azul

Picasso, desde niño, amaba el color azul, con todas las gradaciones que tal color posee, desde muy claro, menos que celeste, hasta el azul marino, el azul humo, etcétera.

Pero Mañach, mientras tanto, contaba con las obras de Picasso, apoyado por Berthe Weill, puesto que los dos tenían una gran fe en el talento creador del malagueño.

Y así, del 1 al 15 de abril de 1902, Berthe expuso en su galería una serie de cuadros debidos a los pinceles de Louis B. Lemair y Pablo Picasso.

En la exposición figuraban 15 telas del pintor español. El catálogo tenía un prólogo debido a la pluma de Adrien Farge, que decía:

> *Picasso es todo nervio, todo brío, todo fervor a fuerza de pinceladas vehementes lanzadas sobre la tela con una rapidez que a duras penas se puede decir que sigue el vuelo de la inspiración. Construye obras sólidas y rutilantes, alegría de los ojos atraídos por la pintura vistosa, de tonalidades a veces ásperamente brutales y a veces calculadamente insólitas.*

En realidad, estas palabras eran un resumen de la dolencia que aquejaba al futuro genio: Picasso no estaba realmente satisfecho con su labor. ¿Qué genio lo está nunca? Sólo las mediocridades se sienten plenamente satisfechas de su obra, incapaces de juzgarse a sí mismos, ensoberbecidas por lo conseguido, y con toda seguridad, incapaces de ir más allá.

Picasso era un genio y, como tal, no estaba satisfecho. Sabía que podía hacer algo más, mucho más. Se sentía atraído por la fuerza de los colores, por el contraste de éstos, o bien por su infinita armonía. En sus cuadros no sabía, no podía ni quería rehuir la parte más fea de sus modelos, de lo que veía con sus pupilas meridionales. Conocía el dolor humano, lo había vivido en sus relaciones con Carlos Casagemas, en sus noches de bohemia desbordante de pasiones más o menos sinceras, más o menos violentas. Y necesitaba expresar todo esto con sus pinceles, reproducirlo en sus cuadros. ¿Acaso no había hecho lo mismo Goya con los medios de que disponía?

Y así, su antigua afición a los colores azules salió reforzada en sus nuevas obras, como un grito liberador de sus angustias.

Fue un cambio de estilo casi completo, que algunos han atribuido a una causa, otros a otra o a otras diversas. Por ejemplo, Gertrude Stein lo atribuyó a su regreso a Barcelona, lo cual lo sometía más al prestigio de la pintura clásica española.

En cambio, otros aseguran que la crisis se debió a la «angustia final de su adolescencia y su victoria sobre la influencia de su familia», que en realidad era la influencia del padre, aferrado a los modelos tradicionales de la pintura clásica.

Los nuevos temas

Con el cambio de estilo, el pintor cambió también, y ello fue natural, de temas para sus obras.

A este respecto, Boeck, uno de sus críticos y panegíricos más señalado, dijo:

> El pintor, evidentemente, se ha depurado de su propia experiencia; sus primeras actitudes irreverentes y críticas para la sociedad han dado lugar a una

profunda compasión para con los sufrimientos del género humano.

También es cierto que el barrio Chino barcelonés, por el que tanto había deambulado Picasso durante sus correrías nocturnas y también diurnas, ofrecía un escaparate lleno de figuras miserables, estrafalarias, todas patéticas, capaces de hacer impacto en un espíritu mucho menos observador y agudo que el del genial pintor.

La Monyos, la Marieta enfarinada, las míseras prostitutas que ofrecían sus encantos en todas las esquinas y los bares de aquel barrio, el mismo naciente Paralelo, con sus *dancings*, sus barracones, sus teatros incipientes, todo ello ofrecía un universo de gran calidad para la paleta de cualquier pintor con alma exploradora, tanto más para un hombre de la talla del malagueño.

Fue entonces cuando surgieron telas como *El Arlequín y su compañera*, *La bebedora de ajenjo* o *El niño del pichón*. Asimismo, la serie de las Maternidades, cinco lienzos con un mismo tema, que explican la obsesión picassiana por las madres, casi siempre solteras, de vida miserable. También pertenece a esa época *La planchadora*, un personaje entrañable de la Barcelona de finales y comienzos de siglo, cantada maravillosamente por Rafael Alberti en uno de sus poemas.

A este respecto, André Salmon escribió:

> *La época azul: los estropeados, los lisiados, los vagabundos, haciéndose una patria en el porche de una iglesia; las madres sin leche... Todo el dolor y toda la plegaria. Los saltimbanquis. El gordo hombre rojo, los delgados acróbatas adolescentes, el arlequín negro, los cascabeles tristes y el tambor fúnebre, la muchacha del chal, y el caballo blanco del picadero eterno. ¿Recuerdas, Pablo?*

66

Los cuadros de la época azul

Esa época incluye unas ciento cincuenta pinturas. Y todas son terriblemente notables, y nunca mejor empleado el calificativo de «terribles». Todos los temas son, o al menos la mayoría, tristes, obsesivos, en todos ellos hay una nota de melancolía, de angustia ante la desdicha ajena que también proclama la propia angustia del pintor.

Así es, por ejemplo, *El guitarrista ciego*, que pintó en 1903 en Barcelona, quizá recordando el estilo del Greco, el indiscutible maestro de *El caballero de la mano en el pecho* y de *El entierro del conde de Orgaz*, particularmente el primero, que Picasso tanto debió de admirar, extasiado, en el Museo del Prado. No es ya solamente la perfección de aquella mano sobre el fondo negro de la ropilla del caballero, sino también la expresión apenada y, no obstante, clara, de sus ojos que obligan al espectador a contemplar fijamente el cuadro de Domenico Theotocopoulos, alias El Greco.

Otro cuadro famoso de esa época azul del malagueño es *La Vida*, también ejecutado en Barcelona, en el mismo año de 1903. Para ese cuadro efectuó dos dibujos de ensayo, uno hecho en el dorso de una carta, con fecha autógrafa del 2 de mayo (¿influencia goyesca?), propiedad de Roland Penrose. En este esbozo, las facciones del rostro son las del propio Picasso, en tanto que en el cuadro definitivo se trata de las facciones de Carlos Casagemas. Penrose dijo a raíz de esta magnífica obra:

> *La alegría desarrollada no es fácil de comprender, y los críticos han solido contentarse despachándola como un problema pictórico. La pose rígida de las tres figuras sugiere, en cambio, que están intentando exponer algún principio, como la incompatibilidad de la vida con el amor sexual... El cuadro da señales*

claras de un desarrollo de conciencia propia, en un tema complejo, que ha desviado al artista de sus intenciones primitivas.

Otro crítico también trató de hallar una explicación a las modificaciones efecuadas en este cuadro:

> *La clave aparece clara en el óleo definitivo. Ya no es Picasso el protagonista sino Casagemas, el amigo muerto en quien el artista pensaba desde el principio. La pareja del fondo no está ya en la tela como telón, sino por derecho propio: actores a la vez que espectadores, como el solitario en posición fetal. Y una mujer aparece hierática, envolviendo en su manto color de lluvia a un niño dormido. ¿Qué relación tienen entre sí estos personajes? Toda y ninguna. Coexisten sin verse, incomunicados. Porque, y ésta es quizá la lección más amarga, el hombre siempre estará solo.*

Hay un tercer cuadro de las mismas fechas que *El guitarrista ciego*, y es *El viejo judío*, que ofrece las mismas características de aquél. En el dorso del cuadro se lee: *Picasso. Calle de la Merced, 3, piso 2.°, Barcelona.*

Las dos figuras que componen la obra, son de un intenso patetismo, y el niño que acompaña al mendigo todavía resulta más patético. El viejo judío es un ciego, como el guitarrista, puesto que la ceguera fue un tema obsesionante durante largo tiempo para Picasso, como mucho más modernamente lo ha sido para el autor teatral Antonio Buero Vallejo.

Primavera de 1902

Después del inciso referente al inicio de la época azul de Picasso, volvemos a su estancia en París durante el año 1902.

El pintor a la edad de quince años.

Estando en Barcelona, iba recibiendo buenas noticias del éxito que su labor obtenía ya en París, donde en la galería de Berthe Weill, gracias al apoyo de Mañach, habían figurado sus cuadros en una exposición juntamente con el notable Matisse, tan admirado por Pablo. Fue en septiembre de aquel año cuando Feliciano Fagus reseñó tal exposición en *La Revue Blanche*:

> *Antes furiosa fiesta de colores; ahora Picasso concentra su vigor en la línea de la energía. La niña absorta, como aterida, con la barbilla obstinada, la frente grave, los ojos insanos, desconfiados, despiadados, tratada sólo en azules, tiene la actitud de un pequeño personaje histórico.*

Lo cierto es que el nuevo estilo pictórico de Picasso empezaba a ejercer efecto y le otorgaba ya algún prestigio entre los «pintores de la nueva ola». No tardó en ser anunciada una tercera exposición a cargo de la Weill, y esto pudo aumentar la inquietud del pintor. Hasta tal punto creció dicha inquietud que decidió coger sus bártulos e instalarse de nuevo en París, ahora acompañado del pintor Sebastià Junyer.

Sin embargo, estaba más que inquieto, desalentado, de lo que hay una prueba en una carta que dirigió a Max Jacob, en su francés macarrónico, ilustrada con temas taurinos, uno de cuyos párrafos dice:

> *Enseño lo que hago a mis amigos, los artistas de aquí, pero encuentran que hay demasiada alma y poca forma, lo cual es muy divertido. Tú sabes cómo hay que hablar con gentes así; pero escriben libros muy malos y pintan cuadros imbéciles. Así es la vida.*

Naturalmente que si se refería a Rusiñol, Casas y Utrillo, por ejemplo, Pablo Picasso no podía ser más injusto. ¿Acaso pueden tacharse de «postales» clásicas los maravillosos cuadros de la serie Aranjuez, del autor de *L'auca del senyor Esteve*?

CAPÍTULO XII

LAS INQUIETUDES DE PICASSO

Cuando llegó a París, Pablo Picasso se instaló en un ático del hotel Marruecos, en el barrio Latino, tan propicio a los estudiantes y las *midinettes*.

Inquieto como siempre, tardó muy poco en cansarse de este alojamiento y se trasladó a otro, tal vez más humilde, que compartió con un tal Sisquet, también catalán como lo eran la mayoría de sus amigos.

Según se sabe, las condiciones del nuevo estudio eran misérrimas y, por ello, Max Jacob, que a la sazón estaba empleado en los almacenes Paris-France, sacó a Picasso de aquel antro, y lo llevó a su flamante domicilio, un quinto piso del bulevar Voltaire.

En este piso no había más que una cama, que compartían los dos jóvenes, de manera que cuando Jacob se iba a trabajar, Picasso se acostaba, y viceversa, mientras Pablo embadurnaba telas, Jacob dormía el mejor de los sueños.

En aquellos días, y a pesar de que el frenesí de los pinceles le consumía como siempre, las estrecheces económicas llegaron a ser casi insoportables, hasta el punto de que el pintor estuvo a punto de perder la fe en sí mismo.

Adiós de nuevo a París

Berthe Weill, mientras tanto, anunció otra exposición de cuadros, de esta manera:

71

Exposition: Peintures, pastels et dessins de MM. Giriend, Launay, Picasso et Pichot.

En la muestra había nueve cuadros de Picasso y algunos dibujos. Fue Charles Morice, en diciembre de 1902, quien reseñó aquella exposición, especialmente de las obras del pintor español:

> *Es extraordinaria la estéril tristeza que rezuma toda la producción, ya tan abundante de este joven, Picasso, que empezó a pintar aun antes de saber leer, y parece haber recibido la misión de expresar con el pincel todo lo que existe; diríase que es un joven-dios decidido a reconstruir el mundo. Pero un dios hosco; los cientos de rostros que ha pintado gesticulan, pero ni una sola sonrisa; y es un mundo tan inhabitable como sus fábricas corroídas por la lepra. Su misma pintura está enferma.*
> *¿Incurablemente? Lo ignoro, pero desde luego nos hallamos ante una fuerza, una vocación y un talento verdaderos. Sin embargo, ¿hay que prometerse que esta pintura llegue a curar? ¿No estará destinado este muchacho, tan desconcertadamente precoz, a conferir la consagración de obra maestra al sentido negativo de la vida, al mal que él mismo sufre como todos?*

Estas palabras eran, en cierto modo, proféticas, pero además, daban a entender que el arte de Picasso empezaba a ser realmente considerado en los medios artísticos de París.

Pese a lo cual, empujado por el hambre y el frío, decidió Pablo regresar a Barcelona, donde al menos tendría un verdadero hogar en el seno de su familia. Se dice que el billete de regreso lo consiguió gracias a lo que obtuvo por la venta de su cuadro *Madre con niño junto al mar*, pintado en el ático del hotel Marruecos. Luego, le dejó a Pichot el resto de sus telas. La víspera del viaje, para quitarse el frío de encima, quemó en la chimenea buena parte de sus últimos dibujos. Tal vez esto fuese un mensaje a la *Vida Bohemia*, cuyas escenas tan bien había descrito Henry Murger a mediados del siglo anterior.

Nuevamente en Barcelona

Picasso volvió a la calle de la Merced, y empezó a trabajar con más fervor que nunca, espoleado por el gusto a la vida que siempre le imbuyó la ciudad condal. Sin embargo, todo el año 1903 y el siguiente, fueron testigos de diversos cambios de domicilio del pintor, siempre inquieto, siempre afanoso de «cambiar de decorado».

Así, casi al llegar a la ciudad, alquiló un estudio junto con Soto en el número 17 de la Riera de Sant Joan, estudio que el primer año del siglo ya compartiera con el desdichado Casagemas. Luego, en el año 1904, dejó a Soto para alquilar un estudio, esta vez solo, en la calle del Comercio, otro barrio típico de Barcelona, con el mercado del Borne como fondo. Alquiló asimismo una habitación cercana al estudio y allí se alojó, lo que significó un rompimiento con la familia, aunque no completo, puesto que nunca dejó de visitarlos a menudo.

Tal vez esta decisión se debió al hecho de que, según explica su amigo Sabartés, don José le había preparado a su hijo una tela enorme para que en ella pintase un cuadro de tema clásico, como aquellas telas que hicieron famoso a Martí Alsina, por ejemplo, y al reusense Fortuny, olvidado de su miniatura *La vicaría*.

Picasso renunció al proyecto de su padre y es posible que diese lugar a una media ruptura familiar. Pablo no deseaba pintar grandes concepciones, al estilo del cuadro de las lanzas velazqueño, aunque más adelante realizase unas variaciones sobre *Las Meninas*, del pintor de cámara de Felipe IV.

Picasso, realmente, ansiaba tan sólo pintar menudencias de la vida cotidiana, sus pobres, sus payasos, la gente que conocía, retratándolos no sólo físicamente sino anímica, psicológicamente.

Pero la época azul se hallaba en su término. Y el color azul no tardaría en dar paso al rosa, iniciándose de este modo otra época pictórica para el pintor. Intuyendo esto, Pablo volvió a marchar a París, ahora ya con intenciones definitivas, acompañado de su fiel amigo Sebastià Junyent Vidal.

Dieciséis años mayor que Picasso, Sebastià Junyent (nacido en Barcelona en 1865 y fallecido en dicha ciudad en 1908) era un intelectual y un artista muy sólido del entonces boyante movimiento modernista. Junyent sería la figura del Modernismo que más decididamente apostaría por los jóvenes artistas posmodernistas, al darse cuenta de que aquellos jóvenes seguían un camino de inquietud, de renovación y de exigencia que les podía llevar a ser los verdaderos forjadores de aquel arte nacional catalán auténticamente original, del que el profundo nacionalismo de Junyent ansiaba su consolidación y que él mismo como pintor, trataba de encontrar, aunque sin el éxito anhelado.

Junyent trabaría contacto con Picasso a finales del siglo XIX en Barcelona, pero la primera relación probada es la que debió de realizarse en París hacia el 1900. El artista catalán fue la primera persona a la que acudió el joven Pablo en su toma de posiciones en la ciudad de la luz y parece lógico pensar que Picasso no habría ido a buscar a un desconocido. Sea como fuere, la etapa más intensa de relacion entre los dos artistas tuvo lugar en Barcelona en el período 1903-1904.

Junyent se hallaba entonces en su máxima madurez artística e intelectual y como crítico de arte no tenía parangón, desde las páginas de la revista *Joventut*. Era además un hombre de grandes posibilidades económicas gracias a una herencia recibida de un tío suyo sin hijos, al que los negocios le habían ido viento en popa. Junto con su hermano Oleguer, se propusieron entonces proteger a los jóvenes artistas que despuntaban ya como futuras figuras. El más sobresaliente sería Pablo Picasso.

En la calle barcelonesa (de la ex villa de Gracia) de Buenavista, Picasso pintó el retrato azul de su amigo y éste le correspondió haciendo lo propio en la composición famosa picassiana *La Vida*. Después las relaciones se enturbiaron, aunque más tarde volverían a reanudarse y cuando Junyent encabezó la Asociación de Pintores y Escultores Catalanes que aglutinaba a los artistas catalanes o inmigrantes más inquietos del posmodernismo, el nombre de Picasso, que ya vivía definitivamente en París, aparece como integrante de la lista.

CAPÍTULO XIII
LA ÉPOCA ROSA DE PICASSO

Cuando llegó a París fue directamente a vivir a uno de los barrios más populosos, más pintorescos de la Ville Lumière: Montmartre, el barrio dominado por la *Butte*, y allí se instaló en el número 13 de la rue Ravignan, donde ya vivía su amigo, el escultor Paco Durio, con quien convivían Pierre MacOrlan, Max Jacob, André Salmon y Kees van Dongen. Fue Max Jacob quien bautizó el local tan atestado con el significativo nombre de *Bateau-lavoir* o barco-lavadero, como recuerdo de los que con tal menester había en el Sena.

Fue allí, pues, donde Picasso puso término a su época azul, aunque esto no lo hizo de una manera tajante, sino lentamente, como la serpiente que se desprende de una piel para llevar otra.

Como era costumbre, también entonces a Picasso le acompañó la buena fortuna. Durante su estancia en aquel estudio, conoció a otros artistas y escritores que no tardarían en conseguir el pináculo de la fama, como Georges Duhamel y Maurice Raynal. La verdad es que en aquel «barco» desfilaban durante todo el día pintores, escritores y poetas, casi en procesión.

Fernande Olivier

Fernande Olivier era una vecina de habitación, joven y bella, de ojos verdes almendrados y tez blanca, según se advierte en sus retratos, y se convirtió rápidamente en la compañera del pintor, con lo que de nuevo evocó otra escena de *Las escenas de la Vida de la Bohéme*, si bien esta vez más cerca de la ópera que ya triunfaba gracias a la música inmortal de Giacomo Puccini. Sin embargo, no fue entrando a pedirle luz para su vela como se conocieron Pablo y Fernande.

Fernande publicó en 1933 un libro en el que contó cómo era la vida de Picasso en aquella época, sus amigos y sus intenciones pictóricas.

André Salmon, por su parte, también describió el *Bateaulavoir*, diciendo que en su primera visita, divisó:

> ... un armario pintado y hecho de tableros, un velador burgués comprado a un comerciante de mimbres, un viejo diván usado como lecho y un caballete. Incrustado en el espacio del estudio, había un cuartito que contenía algo parecido a una cama, considerado como una alcoba y conocida familiarmente como «el cuarto de la chica». Añade Salmon que Picasso se le presentó con el famoso mechón de pelo negro sobre el ojo negrísimo, vestido de azul, la chaqueta abierta sobre una camisa blanca ceñida por una faja de franela roja con flecos...

La descripción continúa:

> Picasso recibía al visitante de turno con el fuerte aroma a óleo y parafina, que él usaba para pintar, y también como combustible de su lámpara, mezclado con el humo de la pipa de tabaco negro. Una vez pasados los montones de cuadros arrimados a la pared, se hallaba la tela en la que Picasso trabajaba, apoyada en un caballete, en un espacio libre del centro de la habitación. En el suelo, a la derecha del caballete, pinturas, pinceles y una gran colección de

botes, trapos y latas esparcidos al alcance de la mano. A pesar de las amplias dimensiones del estudio y a la casi falta de muebles, la habitación estaba atestada de objetos...

Su forma de trabajo es también conocida, al menos durante aquella época. Trabajaba de noche, casi siempre hasta la madrugada, y como no tenía gas ni mucho menos electricidad para alumbrarse, colgaba sobre su cabeza una lámpara de petróleo, y pintaba agachado ante la tela. Cuando la falta de dinero le impedía disponer de petróleo, se alumbraba con un candil de aceite que cogía con la mano izquierda.

Es decir, la bohemia parisina en pleno auge.

Más de un crítico dijo que esa escasa luz, de tono amarillento, era lo que contribuía a los tonos azules de aquel período. Pero esto, y más tratándose de Picasso, tan sensible a los colores y sus combinaciones de matices, es sumamente discutible.

El color rosa

Naturalmente, la etapa rosa de Picasso es mucho más placentera, menos lúgubre que la llamada «azul». Si bien no existía aún, sobre todo al principio, una gran diferencia con la época anterior.

En esa temporada, Picasso expuso en dos exposiciones colectivas: del 24 de octubre de 1904 al 20 de noviembre, en la sala de Berthe Weill, y del 25 de febrero al 6 de marzo de 1905, en las Galerías Serrurier.

Charles Morice prologó el catálogo de esta última exposición, que después publicó en el *Mercure de France*, el 15 de marzo, con los siguientes párrafos:

Varias veces he tenido ocasión de hablar de Picasso, de observar las excepcionales dotes de este artistazo, jovencísimo, deplorando la orientación negativa de su dedicación a la tristeza estéril y a la visión exasperada de los hombres y las cosas.

Pero las nuevas obras que expone... anuncian un cambio solar de su inclinación. No es que no subsistan las primeras turbias representaciones... Hoy las actitudes se alivian, los elementos se disponen menos miserablemente, la tela se aclara; apunta la aurora de la piedad, de la salvación...

Otros críticos supieron comprender el cambio que tenía lugar en los pinceles del joven Picasso, y uno de ellos fue Guillaume Apollinaire, que escribió un artículo al respecto en *La Revue Immoraliste* de abril de 1905, y Apollinaire podía escribir a este respecto con conocimiento de causa, puesto que era uno de los asiduos concurrentes al *Bateau-lavoir*:

Se ha dicho que las obras de Picasso manifiestan su precoz desencanto ante la vida. Yo opino lo contrario. Todo le encanta; su innegable talento me parece puesto al servicio de una fantasía que combina en justas dosis lo magnífico y lo horrible, lo abyecto y lo delicado. Su naturalismo, lo escrupuloso de su precisión, se unen al misticismo que yace agazapado en el fondo de todas las almas españolas, aun en las mentes menos religiosas...

Afición al circo

Fue en aquella época, con Fernande alegrándole la existencia, cuando Picasso y la joven se aficionaron al circo Medrano, instalado no muy lejos de la calle Ravignan.

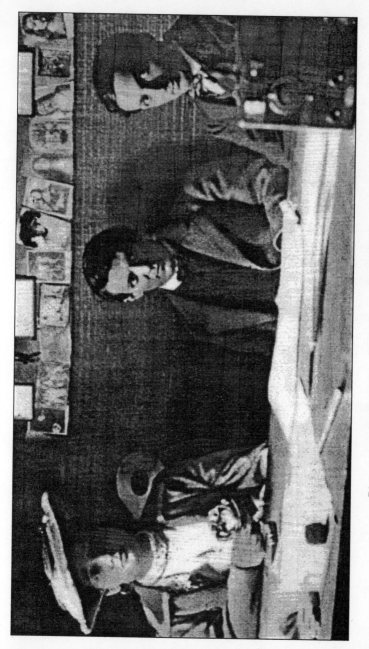

Picasso acompañado de sus amistades parisienses el año 1905.

81

Y en el circo, el ambiente y sus tipos, la vida de los payasos saltimbanquis y acróbatas, impresionaron tan vivamente a Pablo que los tomó como modelos para unos hermosos lienzos y unos *guaches* que llegaron a ser célebres dentro de su labor de conjunto. En el invierno 1904-1905 pintó *El actor*, tela que se considera hoy día como el comienzo de la época rosa.

Fue así como Picasso empezó a pintar una cuadrilla de arlequines, acróbatas y saltimbanquis, alternando con otras maternidades distintas de las anteriores; pues aunque también en éstas existía el patetismo, el mismo coexistía con una gran ternura, una delicadeza inusitada. Las figuras, tanto los niños como los adultos, poseen cierta elegancia, cierta gracia, de que carecían las figuras de la época azul. Y en las telas dominaban cada vez más los rosas suaves con el ocre.

Asimismo, fue entonces cuando los hermanos Leo y Gertrude Stein entraron en la vida de Picasso. Eran unos acaudalados norteamericanos, que llegaron a París y conquistaron el ambiente artístico de la bella capital. Después de adquirir algunas obras del pintor, visitaron su estudio y de una sola vez le compraron cuadros por casi un valor de novecientos francos, que en aquel tiempo era poco menos que una gran fortuna.

CAPÍTULO XIV

PICASSO, ESCULTOR

Fue en el verano de 1905, cuando Picasso aceptó la invitación de su amigo holandés, el escritor Tom Schilperoort, para que pasara una temporada en su casa, situada en el pueblo de Schooredam, cerca de Alknar, en plena campiña holandesa.

De este modo, y durante casi un mes, Pablo contempló un paisaje llano, muy diferente a cuanto conocía, realmente plácido, y también tal vez se le ensanchó el espíritu al ver la generosidad de los pechos de las holandesas. El pintor, para componer sus cuadros con más verismo, enriqueció su paleta con nuevas gamas de rosa y gris, los colores predominantes casi en exclusiva durante ese período de su creación. Se acabaron las muchachas delgadas, flacas, y los arlequines delicados. Picasso, tal vez imbuido del espíritu de Rubens, se lanzó a pintar opulentas matronas de formas rotundas.

Fue también entonces cuando tuvo Picasso sus primeros devaneos con la escultura. Ya en 1899 había intentado una «Mujer sentada» escultórica, pero pronto se cansó de este primer balbuceo. Pero en 1905, tanto le entusiasmó el arte del modelado, que pensó incluso seriamente en cambiar el pincel por la espátula.

Cuando regresó a París su atención estaba fija en la escultura, y como dice uno de sus biógrafos:

> Tal vez respondiendo a ese cambio de enfoque,
> resurgió en Picasso su viejo interés por la escultura...

83

Estos impulsos se verían reforzados después, ya regresado a su vida habitual de París, cuando en sus visitas a los museos, detuvo su atención en las esculturas antiguas, griegas y egipcias. Como en algunas de las obras de aquellas fechas se advierte claramente su influencia —véase Mujer con abanico—, *más de un estudioso ha distinguido este período dándole el nombre de «clásico». Lo cierto es que de él se conservan algunos dibujos con el característico rostro de perfil, y un ojo en la frente, que tanto abundará en tiempos posteriores.*

El fauvismo

El grupo de pintores que encabezaba Henry Matisse era conocido como el de los *fauves* (fieras). Según Jaffé, el *fauvismo* podía definirse como sigue:

> *Con la violencia de una disonancia cromática, estos pintores intentaron conseguir una nueva vitalidad, una turbulencia cromática y dinámica, bien orquestada en estridente contraste con la inocua placidez de los paisajes que estaban de moda entre los epígonos del impresionismo. A través del color, lo real asume un tono dramático y dinámico, o sea de encuentro y de conflicto espiritual, y así deja de ser un simple dato de la Naturaleza, del que el artista no podrá ser otra cosa que su cronista...*

Picasso conoció personalmente a Matisse en casa de los Stein, y esta amistad fue realmente duradera y basado en una mutua admiración.

Picasso y Fernande, a Barcelona

Es innegable que Picasso no podía dejar transcurrir demasiado tiempo sin pisar las Ramblas barcelonesas, tan llenas de encanto, tan repletas de tipos a cuál más estrafalario. Las Ramblas eran un lugar de citas realmente, pues no había un solo personaje importante que más pronto o más tarde no pasara por tan concurrida vía.

Por eso, en la primavera de 1906, Pablo decidió que Fernande le acompañaría a Barcelona, y sería presentada a su familia.

En realidad, la joven fue bien acogida por los padres de Pablo, hasta el punto de que su madre le instó a casarse con la muchacha. Pero lo que no sabían y también ignoraba Picasso, era que Fernande era huérfana y se había fugado de casa de una tía a la que odiaba, y que a los dieciséis años se había casado con un escultor al que apenas conocía, el cual se volvió loco poco después. Pablo, que ignoraba este episodio tan triste de la vida de Fernande, creía que su resistencia al matrimonio no era más que una obstinación juvenil.

La estancia en Barcelona, no obstante, duró poco porque Pablo, tal vez añorando los días felices pasados en casa de Manuel Pallarés en Horta de Sant Joan, decidió realizar una cura de reposo en el pueblo de Gòsol, una aldea del Pirineo leridano, cerca de Andorra, cuyas montañas «olían a hierbas aromáticas y no a hongos como los franceses».

Fernande, en su obra *Picasso et ses amis*, relata el cambio que en Gòsol experimentó Pablo:

> *Se mostraba alegre, menos reservado, más brillante, animado, tomando interés por las cosas con seguridad y calma, con gran tranquilidad. Irradiaba un aire de felicidad en contraste con la actitud tan corriente de su carácter.*

Hacían excursiones a pie y en mulo, conversaban con los campesinos y reía con ellos. Pero también trabajó allí al ritmo acostumbrado, pintando paisajes selváticos, aldeanos, tipos pintorescos, y objetos carentes de importancia, que «la adquirían por la magia de sus pinceles».

Fue una desdicha que se declarase un brote epidémico en la comarca. Picasso se vio obligado a abandonar aquel remanso de paz, regresó con Fernande a París, donde reemprendió su pintura distorsionada, que puso en boca de uno de sus críticos estas frases:

> *Se ha pasado de lo clásico a una nueva atmósfera que abandona las normas preconcebidas sobre la proporción; y son estos estudios de la forma humana los que nos dejan prever el gran acontecimiento que iba a tener lugar y la aparición de un nuevo concepto estético: el cubismo.*

Se designa con el nombre de «cubismo» la revolución estética y técnica llevada a cabo desde 1907 a 1914 por Picasso, Braque, Juan Gris y Léger. Matisse y Derain contribuyeron paralelamente a la formación de este movimiento cuya influencia fue notable en la mayor parte de los denominados *artistas de vanguardia* en el transcurso de los años heroicos que precedieron a la Primera Guerra Mundial.

Al igual que sucediera con el impresionismo, en sus comienzos el cubismo sólo encontró hostilidad general e incomprensión y no recibió este nombre sino a modo de escarnio. Sin duda, repitiendo una humorada de Matisse, el crítico Luis Vauxcelles, en su crónica sobre la primera exposición de Braque en la galería Kahnweiler, habla de *cubos* (1908) y en la primavera siguiente, siempre con motivo de Braque, se refiere a unas *rarezas cúbicas*. Los creadores del cubismo no habían de aceptar el calificativo sin cierta reserva y negaron constantemente que les moviera ningún propósito teórico.

«Cuando hicimos cubismo —dirá Picasso—, no teníamos la menor intención de hacer cubismo, sino de expresar lo que estaba en nosotros». Y Braque por su parte manifiesta: «Para mí, el cubismo, o más bien mi cubismo, es un medio que he creado para mi uso, con el fin, sobre todo, de poner a la pintura al alcance de mis dones.»

La vitalidad y la fecundidad del cubismo se debieron a la conjunción de esos dos temperamentos excepcionales, que se exaltaron en comunión sin abandonar sus personalidades propias, y que fueron secundados en sus esfuerzos por Gris y Léger.

CAPÍTULO XV
EL CUBISMO

El verdadero precursor del cubismo fue indiscutiblemente Cézanne, un provenzal que desde su región daba lecciones de lo que puede definirse como «anatomía de los objetos contemplados e incluso integrados por ellos».

Cézanne murió en 1906, y el Salón de Otoño de 1907 le dedicó una exposición retrospectiva; de esa manera, por primera vez, apareció ante los atónitos ojos de los franceses, con todo su significado y su innegable pureza, la nueva moda pictórica. Naturalmente, los jóvenes, siempre inquietos, siempre en busca de una novedad, hicieron suyo este al nuevo estilo pictórico.

Braque definió el nuevo movimiento con las siguientes palabras: «Los sentidos deforman; sólo el espíritu da forma...

Lo cual daba a entender que la visión del mundo de los nuevos artistas ya no se basaba en la expresión sensible, sino en la facultad cognoscitiva del intelecto, desarrollada de un modo metódico y casi matemático. Y como esa facultad se halla por encima de la experiencia subjetiva, muy bien podría pretender una validez objetiva, independiente de los ojos del artista que la percibió casualmente.

Naturalmente, Picasso, siempre atento a cuanto significaba una novedad, un nuevo estilo de pintura, siguió con atención el movimiento cubista, aunque sin llegarse a mezclar de lleno en él. Picasso, no quiso nunca inscribirse en una escuela determinada, prefiriendo ser, por su carácter, un independentista.

De este modo, *a partir del verano pasado en Gòsol y de su retorno a los modelos clásicos y aun primitivos, cada nuevo cuadro significaba un paso hacia las nuevas concepciones, que en seguida admitiría y muy pronto impondría a los demás.*

Un ejemplo de este estilo picassiano lo tenemos en un retrato de Gertrude Stein muy elaborado, también sumamente discutido, casi rechazado unánimemente, y un autorretrato de estilo semejante, ambos del otoño de 1906. En los dos rostros se perciben los mismos ojos almendrados, y dan la sensación de una cosa masiva, lograda con la acentuación de amplias superficies de color, sin tener que recurrir al modelado con claroscuros.

Se trata, en suma, de una composición más escultórica que pictórica.

Les demoiselles d'Avignon

Éste es uno de los cuadros más famosos del pintor malagueño, que además cuenta con una graciosa anécdota. Como es sabido, Avignon es una ciudad francesa, del Midi, célebre por haber dado albergue a diversos papas cismáticos, y también centro revolucionario en diversas épocas de la historia de Francia.

Pues bien, los franceses, al conocer el cuadro picassiano, y el título que el autor le atribuía, *Las señoritas de Avinyó* pensaron que se refería a dicha ciudad, y a uno de sus burdeles, lo cual, aun admirando la obra como tal, encolerizó a no pocos espíritus puritanos.

Pero la verdad es que Picasso había retratado realmente un burdel existente, al parecer, en la calle Avinyó de Barcelona, una de las travesías más populares de la calle Fernando, paso casi obligado desde las Ramblas a la plaza San Jaime, sede del Ayuntamiento y la Diputación.

La historia de este cuadro continúa, pues, la composición primitiva, con un marinero en el centro, cambió hasta llegar a la definitiva. El cuadro mide dos metros por lado, y apenas existe un tratado sobre pintura que no incluya su explicación.

Según Hans Jaffé, historiador y crítico de arte:

> *La tela es llevada como una especie de tríptico; la parte izquierda nos muestra una figura construida con planos anchos, como una escultura de madera tallada a grandes y tajantes golpes de hacha. A la derecha, en la figura agachada y en la que está de pie, Picasso se ha lanzado algo más allá: ya no se da aquella tendencia a la representación naturalista del hombre, sino que, a base de pinceladas grandes y llenas de color, se ha conseguido una figura mágica que no es ya la imagen de un cuerpo desnudo, sino su símbolo.*
>
> *En este punto se ha dado el paso decisivo que conduce, desde una imitación de las formas de la Naturaleza a una interpretación de la realidad en un lenguaje preciso y exclusivamente pictórico. En este lenguaje no se han realizado únicamente las formas de los cuerpos, sino también el espacio que rodea a las figuras (que parece asimismo esculpido con un cuchillo o con un hacha, igual que las figuras desnudas), y también la cortina que cierra el cuadro por la izquierda... La realidad es una sola y tratada según unas leyes uniformes. Todo ello, la sistemática reducción del dato a sus elementos más formales, hace que este cuadro pueda considerarse el punto inicial del cubismo.*

Cómo fue recibido el cuadro *Las señoritas de Avinyó*

En honor a la verdad, el cuadro fue muy mal recibido, y no sólo por la masa del pueblo en general, y por la crítica, sino también por casi todos los amigos de Picasso, como Max Jacob y Apollinaire, los cuales censuraron la tela. Asimismo, los hermanos Stein intentaron hallar una explicación plausible a la distorsión grotesca del rostro de las figuras de la derecha; y el mismo Matisse gritó con indignación que el cuadro era «un ultraje, un intento de ridiculizar el movimiento moderno», y lanzó amenazas contra el autor de tal «engendro».

Pablo sintiose defraudado al observar estas reacciones que tan poco decían en favor de la comprensión de su obra. Sin embargo, en lugar de amilanarse y cambiar de rumbo, retrocediendo en su línea, decidió continuar con la nueva singladura, pensando que la perspectiva del tiempo le daría la razón y que los gritos subversivos se trocarían en exclamaciones de admiración y halago, como efectivamente así sucedió. Unos meses más tarde, todos los críticos saludaron alborozados aquella obra como el comienzo de una nueva época en la historia de la pintura moderna. Fue Wilheim Uhde, el gran coleccionista alemán, uno de los primeros en entusiasmarse con el nuevo estilo de Picasso, y también Daniel Henry Kahnweiler, que llegó a ser el mejor marchante de las obras picassianas.

Picasso, no obstante, tuvo el famoso cuadro largo tiempo en su estudio sin exponerlo a la opinión pública. Hasta 1920 no fue adquirido por Jacques Doucet, quien lo compró sin que lo hubiese visto antes, sólo por ser de quien era. Pero cuando se dio cuenta del valor pictórico de la tela, lo puso en el sitio de honor que le correspondía en su colección y en 1937 lo cedió para ser exhibido en el Petit Palais, tras lo cual lo adquirió el Museo de Arte Moderno de Nueva York.

Picasso durante los años de la Primera Guerra Mundial, París, 1917.

Picaso, mientras tanto, iba cobrando fama rápidamente, y su nombre empieza a cotizarse hasta el punto de que pudo permitirse el lujo de dar algunas fiestas, como la de 1908, en honor del «aduanero» Rousseau, que era un pintor *naïf*, que no tardó también en dar buenos frutos.

Por otra parte, amplió Picasso el número de amistades, con los nombres de André Derain y, sobre todo, Georges Braque, el cual pertenecía al grupo de los *fauves*, pero que iba a tomar un papel preponderante en la evolución del movimiento pictórico que adoptaría el nombre de «cubismo».

CAPÍTULO XVI
QUÉ ERA EL CUBISMO

Fue en 1908 cuando por primera vez se usó el término «cubismo» en relación con el nuevo estilo pictórico de la época. Y se empleó en una exposición de paisajes a cargo de Braque en la galería Kahweiler. En dichos cuadros ya predominaba la nueva doctrina, como fluyendo de Cézanne: todas las formas de la Naturaleza se reducen a cuerpos elementales y estereométricos.

Jaffé da la siguiente explicación sobre el cubismo de Picasso:

> El año 1909 sorprende a Picasso nuevamente en España; con Fernande Olivier pasó el verano en Horta de San Juan, el mismo pueblo donde en 1898 se repuso de su enfermedad. Las formas duras y angulosas del pueblo y del paisaje circundante: el pueblo, el puerto de montaña, el aire, todo reconstruido con bloques, con figuras geométricas, eso fue lo que hizo Picasso. El cuadro trata de hacer de lo casual, de la Naturaleza, un todo ordenado, una composición.
>
> La estructura formal e ideal de este período parece ser el cristal: la forma que, siguiendo las leyes naturales, queda comprendida en un esquema severamente definido... Picasso va más allá de Cézanne...; descompone una imagen en una serie de planos

cortados discontinuamente, igual que la química des-
compone las sustancias más complejas en una serie
de elementos simples.

Nuevo traslado de domicilio

Siempre inquieto, siempre en busca de lo novedoso, Picasso, en 1909, cambió de domicilio y se instaló en un apartamento del número 11 del bulevar Clichy, no muy lejos de la plaza Pigalle, donde en aquella época triunfaba la cervecería «Aux Deux Magots». Dicho apartamento se componía de un estudio de grandes dimensiones, orientado al Norte, y otras habitaciones que daban al Sur, con vistas a un parque. Los muebles eran recargados, dignos del naciente genio... y elegidos por él.

Vollard, refiriéndose a aquella etapa de Picasso, escribió:

Cuando piensa uno que sólo pocos años antes de la guerra (se refería a la Primera Guerra Mundial), *en 1908, una pequeña sociedad: La Piel del Oso, dirigida por André Level, podía comprar a Picasso la gran tela* Familia de saltimbanquis, *por 1.000 francos, precio que pareció excesivo a los aficionados de entonces. Este mismo cuadro llegó a valer 11.500 francos cuando dicha sociedad decidió liquidar sus bienes, y luego pasó del millón en una venta efectuada en América en 1931.*

Cuando Picasso pintó los retratos del propio Vollard, de Uhde y de Kahnweiler, alcanzó ya sus primeros éxitos con el cubismo.

A finales de 1912, Picasso y Braque acabaron por solucionar un problema que les tenía preocupados. En sus cuadros, la estructura de las formas, la disposición del espacio, la gama de los colores, todo respondía muy bien a sus ansias de objetividad a toda costa; pero las pinceladas continuaban allí, como testimonio de un proceso creador de indudable subjetividad. Y finalmente hallaron la solución que tuvo una fundamental importancia para el auge del cubismo y para toda la pintura moderna: el *collage*.

Claro que si el cubismo se propagó rápidamente por todo el mundo pictórico, y Picasso fue uno de sus más fervientes propagandistas con sus cuadros, no fue él, en cambio, quien con más encono defendió el nuevo estilo, incluso yendo en contra de los que pretendían eliminar de los cuadros todo asunto, para convertirlos en mero receptáculo de ideas mentales fríamente concatenadas.

A este respecto, Penrose tuvo también algo que decir:

> *Privar a la pintura de todo asunto y, por tanto, de todo símbolo y de alusiones poéticas, le pareció siempre a Picasso una forma de castración.*
>
> *A él no le importaba la pureza sino en su relación con lo impuro; y tampoco le interesó la perfección, ya que la misma implica una finalidad estática y desprovista de vida. Para él, arte y vida son inseparables y la inspiración viene del mundo en que vive más que de la belleza ideal. Por abstrusa que pueda parecer su obra, siempre posee en su origen una apasionada observación y amor por un objeto dado; jamás se trata de un cálculo abstracto.*

Los amigos de lo clásico, de la copia realmente «natural», exclamaban a su vez:

> *¿Qué puede tener de real, de vital, de amor a la vida ni de apasionamiento por la Naturaleza un rostro deformado hasta límites inverosímiles, hasta el punto de no reconocerse la persona retratada, ni una cara con un ojo como colgado en el aire?*

¿Qué significa el collage, *puesto que en tal caso serían excelentes pintores los zapateros, los mueblistas, los sombrereros? ¡Son éstas simplemente modas pasajeras sobre las que sólo la posteridad, dentro de tal vez un par de siglos, dirá la última palabra!*

Como se ve, había opiniones para todos los gustos, tanto respecto al cubismo en sí, como a sus seguidores, incluidos Picasso y Juan Gris, otro adepto al nuevo arte, también español, quien decía que los primeros cubistas trataban de hacer un cilindro de una botella, en tanto que él, igual que Picasso, partían del cilindro para hacer una botella perfectamente terminada.

Bajo el pseudónimo de Juan Gris se oculta el nombre del pintor madrileño José Victoriano González, hijo de padre castellano y de madre andaluza. Al parecer, y como en Picasso, su vocación pictórica se despertó ya en él a los seis o siete años de edad. Como siempre, su primera formación fue esencialmente científica, como lo atestiguan sus escritos y teorías sobre la pintura. Venida a la miseria su familia, tuvo que ganarse la vida enviando dibujos humorísticos a los periódicos madrileños de tal temática. Después se dedicó a estudiar algo de pintura con el maestro Moreno Carbonero, que por poco le quita su vocación, por lo académico de su estilo.

A los diecinueve años decidió marchar a París para labrarse un nombre y conseguir lo que la fortuna hasta entonces le había negado. Vendió todo lo que tenía para costearse el viaje, pero como salió de España antes de cumplir su servicio militar no pudo proveerse de pasaporte por lo que después no pudo regresar. Solicitó la nacionalidad francesa, pero falleció a la edad de cuarenta años, sin haberla conseguido.

Atraído por la reciente gloria de Picasso, en 1912 envió al Salón de los Independientes un *Homenaje* al ya famoso pintor malagueño. Se afilió decididamente al cubismo decantándose por un estilo sintético más claro, más riguroso, más irrefutable. Dándose cuenta de que el desarrollo bélico de 1914-1918 había quebrado el primer impulso del estilo, decidió continuar en él aunque fuera solo, intentando encontrar la solución adecuada para que éste no desapareciera.

Según manifestó el propio autor su *cubismo sintético* se realizaba organizando primero el cuadro, para calificar después a los objetos, trabajando con los elementos del espíritu; «mediante la imaginación intentaba hacer concreto lo que es abstracto».

CAPÍTULO XVII

LA PRIMERA GUERRA MUNDIAL

Para el mundo entero, la Primera Guerra Mundial significó un cambio en todos los sentidos: vital, cultural, moral incluso... Y como es natural, también para Picasso significó no uno sino dos cambios, aunque no debidos a la guerra en sí, pero cambios al fin. El más importante fue la disolución del grupo de poetas y pintores rebeldes, movilizados para el frente de combate, con la casi consiguiente muerte del cubismo, que sólo sobrevivió a causa de su enorme fuerza vital.

Anteriormente, concretamente en 1912, Picasso había roto con Fernande Olivier para vivir con Marcelle Hubert, cuyo nombre de soltera era Eva Gouel, y como solía hacer tan a menudo, el pintor dejó su estudio del bulevar Clichy para instalarse en el número 242 del bulevar Raspail.

Al año siguiente falleció su padre José y Picasso, nuevamente, se trasladó al número 25 de la calle Schoelcher, morada en la que tampoco echó profundas raíces.

La guerra

Pablo Picasso padeció desde el mismo inicio de la contienda a causa de su amor hacia la paz y la estabilidad general, no la suya propia, puesto que ya los frecuentes cambios de domicilio pregonan bien a las claras su inquietud,

101

su constante sed de nuevas aventuras, sed simbolizada en esos traslados, y no ya sólo de domicilio sino de amores.

Sin embargo, Picasso comprendió que debido a la guerra ya nada sería igual que antes, cosa que también sucedería con el arte. En esto no se equivocó. La primera guerra, en efecto, señaló la verdadera decadencia del arte en todos sus aspectos. Cierto que algunos artistas de mérito continuaron la magia de la cultura hasta recién terminada la segunda conflagración mundial, concretamente hasta los años 1950-1960, pero se trataba ya tan sólo de los restos de la cultura verdadera. Tanto en pintura como en música y en literatura, el arte terminó definitivamente en el interludio de entre guerras, y lo que le ha seguido no ha sido más que el afán juvenil de hallar una expresión propia del arte, algo imposible de alcanzar en la época del industrialismo más avanzado (hasta el momento) y de la electrónica, donde la máquina-robot empieza a sustituir al hombre, el cual termina siendo el servidor de la máquina y no al revés.

En cuanto a Picasso, digamos que Apollinaire, Derain y Braque estaban en el frente, Juan Gris proseguía su vida en el *Bateau-lavoir* y Picasso, casi solo, únicamente veía a Max Jacob, ya muy delicado de salud, y a Juan Gris.

Su verdadera compañía la constituía por aquel entonces Marcelle, a la que atendía amorosamente debido a su naturaleza algo débil. Pero aquel amor no tuvo mucha duración, ya que la joven falleció en enero de 1919, presa de la tuberculosis, enfermedad que seguía haciendo estragos en todas las clases de la sociedad, hasta el punto de considerársela casi la «enfermedad de moda».

Picasso, lleno de pesar y melancolía ante esa muerte, se refugió en sus pinceles, renovándose dentro de un cubismo sintético con modalidades oníricas, a las que tan aficionado sería más adelante Salvador Dalí.

En 1915 trazó los retratos de sus amigos Max Jacob y Vollard, llenos de realismo. Tras la muerte de Marcelle, no pudo seguir habitando en la calle Schoelcher y se trasladó al número 22 de la calle Victor Hugo. Allí se enteró de las heridas recibidas en el frente por Apollinaire y Braque, y deseando un cambio de aires, regresó a España, que estaba viviendo la paz bélica, si así puede llamarse. Pero su inquietud le impulsó a volver a París sin tardanza, y fue entonces cuando conoció a Jean Cocteau, con quien no tardó en trabar una gran amistad. Cocteau lo presentó a sus amigos de Montparnasse y Montmartre, si bien no fue muy bien acogido por aquel círculo, tal vez a causa de su indumentaria elegante, que contrastaba con la de aquellos inveterados bohemios.

Picasso y el ballet

Fue Jean Cocteau quien le invitó a Roma para encargarle los decorados y el diseño de los trajes de su ballet *Parade*. Picasso se vio, pues, de lleno en el mundo del teatro y las bambalinas, y aquel ambiente le maravilló. Rápidamente se entregó a la labor pedida, dibujando los bocetos de los decorados en el Palazzo Theodorine. Cocteau, Masine y Diaghilev los examinaban por la noche. Eran unos decorados realistas, pero nada vulgares, por lo que los tres le animaron a proseguir en su tarea.

Picasso, siempre gran admirador de la belleza, estudió en el Vaticano las obras de Miguel Ángel y Rafael, los cuales, no hay duda, influyeron grandemente en su pintura futura.

Cuando se estrenó el ballet *Parade*, con música de Erik Satie, fue un rotundo fracaso, a pesar de la opinión de Ravel, el consagrado autor de *Bolero*. Tan grande fue el escándalo que se produjo, que el público llegó a amenazar físicamente a los autores, los realizadores y los bailarines.

Todos los críticos tronaron contra Diaghilev, especialmente André Gide. Sin embargo, por contraste, el mismo ballet, cuando dos años más tarde fue estrenado en París, obtuvo un éxito triunfal. ¿Acaso no había ocurrido anteriormente lo mismo con *El barbero de Sevilla* de Rossini, y de manera más espectacular todavía con *Madame Butterfly*, más tarde considerada casi como la obra cumbre de Giacomo Puccini?

Madame Butterfly, drama lírico en tres actos, con libreto de Luigi Illica y Giuseppe Giacossa y música del compositor italiano Giacomo Puccini (1858-1924) representante del verismo, fue estrenada en 1904 en la Scala de Milán con un fracaso rotundo, pues fue pateada y silbada desde las butacas de los pisos superiores. Después, tras revisar el propio Puccini la partitura, el éxito fue apoteósico. El argumento es como sigue:

Una joven japonesa acaba suicidándose por haber sido abandonada por su amante, un joven marino norteamericano que no tomó en serio el amor de la hermosa *geisha* y que pretende llevarse el hijo que nacio de su unión.

Y es que a veces cuesta a los europeos entrar en la mentalidad oriental, tal como Puccini lo hizo, de aquí el primitivo rechazo o falta de comprensión por el argumento. Pero cuando se logra penetrar en aquel fascinante mundo uno queda aprehendido en sus redes y ya no puede, huir jamás. Y eso lo supieron los pintores de las últimas décadas del siglo XIX, singularmente Van Gogh, y de comienzos del XX, la época de juventud-madurez de Picasso. El Japón comenzaba por entonces a abrir sus encantos a Occidente y a diferencia de China, más reconcentrada en sí misma, deseaba que lo comprendieran, sin perder ni un ápice su encanto personal, la belleza de sus jardines y flores, de sus gráciles puentes de bambú, de sus ligeras casas, de sus ancestrales costumbres, de todo su arte, en suma, en una sinfonía cromática que influiría mucho en Occidente para los espíritus que estuvieran preparados.

104

CAPÍTULO XVIII

PICASSO CONOCE OTRO AMOR

Fue en Roma precisamente donde Pablo Picasso conoció a su nuevo amor: Olga Koklova. Pertenecía al cuerpo de baile y era una muchacha sumamente atractiva, hija de un general. Picasso se unió a Olga y con ella acompañó a la compañía donde actuaba.

Una vez en París, el pintor decidió presentar Olga a su familia, y para ello ambos se trasladaron a Barcelona. Sus parientes de la ciudad condal, considerando que Olga se casaría con Pablo, la recibieron entusiasmados. La joven también fue bien recibida en «Els Quatre Gats».

Picasso, siempre entusiasta de Barcelona, visitó con Olga el Tibidabo, Montjuïc y todo cuanto conocía y había ya frecuentado, sin olvidar los «tablaos» flamencos y el Paralelo, ya en pleno auge, con los teatros Victoria, Español y Nuevo en cabeza.

Fue por aquel entonces cuando Picasso conoció a un tal Joan Miró, joven perteneciente a la Academia de Arte del elegante Círculo de San Lluch.

Barcelona le encantó a Olga Koklova, la cual fue modelo de Picasso, ataviada a la española con una mantilla, para el cuadro *Mujer con mantilla*, nombre que indudablemente dice muy poco en favor del autor de la obra por su falta de inventiva.

La boda de Picasso

Cuando regresó la pareja a París, contrajo matrimonio en la iglesia de la calle Daru, el 12 de julio de 1918, siendo testigos Diaghilev, Apollinaire y Jean Cocteau. Entre los invitados se mezclaban los bohemios, los literatos, los pintores de ideas más avanzadas y personajes de la buena sociedad.

Sin embargo, algo vino a enturbiar la dicha que Picasso experimentaba con aquel nuevo amor: en el mes de noviembre de aquel mismo año, Apollinaire falleció después de haberse también casado sólo unos meses antes.

Picasso, que recibió la noticia mientras se estaba afeitando, expresó tanto dolor que decidió hacerse allí mismo un autorretrato, que fue en realidad el último que pintó. En 1916 ya había hecho también el retrato de Apollinaire.

Nuevo cambio de domicilio, que ahora era obligado: junto con Olga se instaló en la calle de la Boetie, en un lujoso piso, con muebles valiosos y cuadros de Renoir, Cézanne, Rousseau... Olga era sumamente aficionada a las fiestas mundanas y al bullicio, y a este torbellino viose arrastrado Picasso, que debió abandonar para ello su amor a la soledad y al retraimiento.

Pese a esto, pintó *Pierrot sentado* (es de destacar aquí la gran cantidad de personajes que pintó sentados, como una especie de leit motiv de su pintura en todos los estilos).

En 1921 pintó asimismo *Los tres músicos*, cuadro que ya roza el surrealismo más acendrado. La explicación que dio Picasso al respecto fue la siguiente:

> *La pintura es una especie de magia que se interpone entre el universo hostil y nosotros, una forma de captar el poder, imponiendo una manera distinta a nuestros terrores y a nuestros deseos. El día que comprendí esto supe que había hallado mi camino.*

Pablo, el hijo de Picasso, vestido de arlequín.

Estas palabras las dirigió cierto día a Françoise Gilot, a la que siempre recordaría y de la que conservaría un hermoso *souvenir* en su memoria.

Sí, Picasso veía claramente ya su camino, y por esto empezó a sentirse fastidiado con la forma de vida que le imponía Olga, con sus delirios de grandeza y su afán de fiestas y locuras. Para librarse en parte de su influencia, Picasso hizo trasladar sus bártulos de pintor al piso inferior de la misma casa donde vivían, pero la irremediable Olga continuó con sus caprichos y su organización de fiestas y reuniones, con lo que a casa de Picasso acudieron, casi en masa y muy a menudo, todos los artistas más destacados del París de aquellos momentos, en todas las ramas del arte: Manuel de Falla, el músico gaditano que ya estaba en la cúspide de la fama; Charles Chaplin, intérprete a la sazón de las mejores películas mudas de aquella época, que tantos días de gloria debía aún dar al séptimo arte; Cocteau; Satie; los condes de Noailles; el famoso Stravinski, guia revolucionaria la música con su *Pájaro de fuego*; el gran pianista Rubinstein... Sin embargo, los amigos íntimos de Picasso, Juan Gris, Max Jacob y Brazque se mantuvieron apartados de todo aquel bullicio, cosa que Picasso les aplaudía secretamente, puesto que él mismo hubiese deseado poder hacer lo mismo.

Picasso y Manuel de Falla

En el año 1919, la pareja viajó a Londres a fin de asistir a las representaciones dadas allí por los célebres ballets rusos, apenas terminada la revolución de la nueva Unión de Repúblicas Socialistas Soviéticas. Los Picasso se instalaron en el hotel Savoy, es decir, con gran lujo, siguiendo los caprichos de Olga.

Sin embargo, Picasso estaba demasiado ocupado para molestarse con ella. En efecto, preparaba ya los diseños para los decorados de la obra de Manuel de Falla, el *Tricorne*, o sea *El sombrero de tres picos* (obra de Pedro Antonio de Alarcón, cuyos títulos han sido casi infinitos, como *La molinera y el Corregidor* y otros).

Picasso diseñó el telón de fondo, y los trajes de los bailarines, con una inspiración muy española. Los colores predominantes del espectáculo, gracias a Picasso, fueron el negro, el rosa, el rojo y el verde.

El sombrero de tres picos alcanzó un inusitado éxito en su estreno y Picasso viose obligado a asistir a reuniones de la alta sociedad, acompañado de Olga. Pese a su enfado por tener que salir de su habitual concha de caracol, Picasso no dejaba de sentirse ufano de su labor y del reconocimiento que tenía la misma. Fue entonces cuando pintó el retrato de Falla.

La pareja marchó luego a la Costa Azul, donde Picasso pintó varios de sus célebres bodegones.

Por otra parte, la vida amorosa del pintor empezaba a declinar, ante la actitud de Olga y su pérdida de esbeltez. Además, Olga estaba celosa de los triunfos de su esposo y ello la mantenía constantemente irritada.

También Braque, después de haber sufrido lo indecible durante la guerra en los frentes de combate, decidió apartarse del pintor malagueño, a causa de la vida que éste llevaba, y esto fue una espina clavada en el corazón del pintor.

Después, el 4 de febrero de 1921, nació un hijo, Pablo, pero ni esto logró menguar la tensión existente entre el matrimonio.

De todos modos, en el combate sostenido triunfó, momentáneamente el pintor, y así el nacimiento de Pablito le inspiró su cuadro *Madre e hijo*, que es un óleo bellísimo, con notable simbología mitológica.

Aquel verano lo pasaron en Fontaineblau, donde Picasso pintó diversos cuadros, como, *Las tres mujeres en la fuente*, de estilo neoclásico.

Pero el teatro continuaba obsesionándole y así creó también, en 1920, los decorados y trajes de *Pulcinella* de

Pergolese, con música de Igor Stravinski; en 1921 diseñó para *Cuadro Flamenco*, ballet de Diaghilev, y en 1922 pintó el telón de fondo de *L'aprés-midi d'un faune* (*La siesta de un fauno*), música de Claude Debussy, que interpretó el gran Nijinski. También diseñó Picasso los decorados de la *Antígona* de Cocteau, que estrenó Charles Dullin en L'Atelier de París, con notable éxito de público y crítica.

A fuerza de darle al público y a la crítica obras, músicas y pinturas de estilos nuevos, revolucionarios, aunque tal vez carentes del verdadero chispazo del arte, sino más bien en muchos casos encubrimientos de la falta de auténtico genio artístico, el mundo empezaba a acostumbrarse a ellas, sin darse cuenta de que el siglo XX, tal vez a causa de la Primera Guerra Mundial, y más adelante de la segunda, junto con otras causas de carácter político y laboral, carecía del ímpetu realmente genial del siglo anterior, cuando el arte verdadero había coexistido con los nuevos inventos industriales y técnicos, e incluso médicos, en una explosión humana de gran fuerza y resonancia. Pero el siglo XX estaba abocado a la mediocridad justamente como reacción a la gran fuerza artística y cultural del siglo XIX. Lo mismo había ocurrido en el siglo XVIII, tras el siglo XVI y también parte del XVII, llamado el Siglo de Oro.

El trabajo de Picasso

Pablo Picasso, como representante del nuevo arte de entreguerras, no cesaba en su labor creadora. Así, simultaneando con sus tareas teatrales, pintó *Mujer en blanco*.

En 1922 pasaron él y Olga las vacaciones en Dinard, Bretaña, pero tuvieron que regresar apresuradamente a París, debido a una enfermedad de Olga.

Al año siguiente volvieron a la Costa Azul, precisamente a la hermosa playa de Antibes. Allí, Picasso recibió la visita de su madre, de la que hizo un hermoso retrato.

Allí también conoció a André Breton, que ya se había separado del dadaísmo, otro movimiento pictórico seudorrevolucionario. La amistad que nació entre ambos fue vigorosa y duradera.

En Antibes, Picasso se vio rodeado de personajes famosos, o que no tardarían en serlo, como Ernst Hemingway y los condes de Beaumont. Todos ellos formaban como una corte de honor en torno a Pablo y Olga, y el pintor se sentía dichoso.

Fue entonces cuando surgieron los primeros *collages*, como *Naturaleza muerta con guitarra*.

Picasso iba realizando cada día nuevos descubrimientos en su pintura, como darle más relieve al color que a la forma, o aliar ambas cosas en un sincretismo bien logrado.

Por aquella época diseñó el telón de *El tren azul* de Jean Cocteau, con música de Dario Milhaud, que creó Diaghilev; también diseñó los decorados del *Mercure*, para Masine, con música de Satie. Ambos ballets obtuvieron un gran éxito ante el público de París.

Picasso, como buen padre, hizo varios retratos de su hijo Pablito. Pero a pesar de tantas satisfacciones, el pintor no vivía feliz al lado de Olga.

En 1925 pasaron la primavera en Montecarlo y el verano en Jean-les-Pins.

También tomó parte en la exposición surrealista de la galería Pierre de París.

Pese a todo, la existencia al lado de Olga empezaba a serle insoportable. En 1927, veraneando en Cannes, pintó entre otros cuadros, *Mujer sentada*, cuya figura da la impresión de estar encadenada, sin movimiento posible. Era la expresión de cómo se sentía a la sazón el autor. Y para colmar su enojo con Olga, ésta empezó a hacerle reproches, recordándole su vida anterior con Fernande Olivier, y haciéndole, por tanto, escenas grotescas de celos retrospectivos.

Picasso conoce a Salvador Dalí

En 1927 falleció Juan Gris, lo que causó un profundo pesar en Picasso. Y en 1929 conoció a Salvador Dalí, cuando el pintor de Figueras visitó París por primera vez.

Dalí sólo tuvo elogios para la obra del pintor malagueño, el cual era ya tan famoso que, según expresión de Brassai, «sólo podían superar su envidia y su rencor sin límites».

En efecto, Dalí hallaba intolerable que otro artista que no fuese él, que se autocalificaba de «genio», pudiese ser el «pintor español más importante internacionalmente».

Sin embargo, una vez instalado Dalí en París, acudió a Picasso en demanda de varios favores, que obtuvo siempre.

> *En pago* —según Brassai—, *Dalí no cesó de denigrarle e incluso insultarle a partir de la guerra española.*

Lo cual no es de extrañar. Dalí se proclamó furibundo fascista y franquista (recibió el título de marqués de manos del general Franco), mientras que Picasso militaba en el bando comunista.

Aquel mismo año, Picasso pintó 300 aguafuertes para ilustrar una edición de las *Metamorfosis* de Ovidio, y también para *Las obras maestras* de Honorato de Balzac editadas por Vallard.

En España, en el año 1931, exactamente el 14 de abril, se proclamó la II República, y Picasso al momento sintiose identificado con la misma.

CAPÍTULO XIX

MÁS AMORÍOS

Picasso, sin haberse separado oficialmente de Olga, empezó a intimar con Marie Thérèse Walter, una muchacha rubia, de la que sintiose repentinamente enamorado. La joven, por su parte, correspondió a aquel naciente amor. Y esta vez, con toda razón, Olga experimentó unos celos rabiosos.

Pablo Picasso había cumplido los cincuenta años, mientras que Marie Thérèse sólo contaba diecisiete primaveras, y esto enfureció todavía más a Olga.

Mientras tanto, el pintor tuvo la satisfacción de ver inaugurada una exposición retrospectiva de su arte en la galería Petit de París, y después, el traslado de dicha exposición a Suiza, todo lo cual le halagó, a pesar de que, fiel a su retraimiento, no asistió a ninguna de ambas muestras pictóricas.

Viajó a España con su nueva amante, visitando Toledo, El Escorial, San Sebastián, Madrid, Barcelona... Pintó diversas escenas de corridas de toros y de toreros, y fue feliz al lado de la muchacha.

Estuvieron en Boisgelup una temporada, y allí hizo Picasso diversas esculturas teniendo como modelo a Marie Thérèse, de formas redondas y suaves.

Picasso en libertad

Fue en la primavera de 1935 cuando su matrimonio con Olga Koklova tuvo su punto final, si bien no obtuvo el divorcio por haberse casado de acuerdo con el rito ortodoxo. Y esto fue grave para el pintor, porque Marie Thérèse estaba a punto de tener un hijo y su padre deseaba reconocerlo.

Finalmente, él y Olga se separaron, y la mujer marchó con el niño Pablito al hotel California, desde el que Olga continuó insultando y amenazando a su esposo.

Pablo, sin hacer demasiado caso a todo aquello, marchó con su joven enamorada a Boisgelup, donde empezó a esculpir tallas de grandes proporciones, triunfando como en su arte pictórico, tal como demuestra su *Vaso de ajenjo*, de 1941, bella obra realizada en bronce.

También en el grabado llegó Picasso a la suma perfección. En la historia del grabado mundial, se consideran como genios sólo a cuatro hombres: Durero, Rembrant, Goya y Picasso.

Que Picasso mereció tal honor lo prueban las palabras que al respecto le dedicó Jean Rudel:

> *Desde la serie* Obra maestra *de Balzac, realizada para Vollard en 1931, hasta la de Minotauromaquia, de 1935, es clara la tensión entre dos polos opuestos: la búsqueda de la belleza, obsesionado por el acierto griego que le atrae y al que rehuye, y la transposición mediante la cual la investigación plástica asegura la destrucción de ese acierto y la entrada en la aventura.*

Marie Thérèse dio a luz una niña, que su padre dio en llamar Maya, si bien el nombre verdadero fue María de la Concepción, más familiarmente, Conchita.

Picasso, fiel a su profesión

Picasso pretendió volver a su estudio de la calle de Boetie, mas no lo logró porque Olga lo había cerrado. Picasso resolvió aquel contratiempo llenando de muebles todas las demás habitaciones de la casa, en un tremendo barullo.

Pese a esto, cansado de la soledad en que vivía, cuando Sabartés llegó de nuevo a París, casado, Picasso le rogó poder vivir con él, cosa que su amigo aceptó de buen grado. Por tanto, Sabartés y su flamante esposa, española ella, se instalaron con Picasso, sirviéndole su amigo de secretario, mayordomo y guardaespaldas.

Fue Sabartés quien se dio cuenta de que Picasso apenas pintaba, si no que se dedicaba a escribir constantemente, y trataba de esconder lo escrito.

Esta faceta de su arte, la de poeta, estaba naturalmente relacionada, o impulsada, por sus relaciones amistosas con André Breton, Luois Aragon y Paul Eluard, los grandes del surrealismo, por lo que también él decidió escribir en una especie de poesía mística y hermética, sin puntuación alguna. Vargas Vila, el autor maldito, prohibido durante la dictadura franquista, también pertenecía a esta escuela, y fue tal vez el mejor representante y el más inspirado de la misma.

Finalmente, sus poesías surrealistas fueron publicadas por Breton en *Les cahiers de l'Art* (*Los cuadernos del arte*).

Otro amor

Irremediablemente romántico (tal vez como compensación a la frialdad emanada del cubismo y el surrealismo), Picasso, sin abandonar a Marie Thérèse, no tardó en compartir el amor de ésta con el de otra joven, que estaba unida sentimentalmente al poeta Eluard, el cual, a su vez, se había separado ya de Gala, la mujer que poco más tarde se uniría hasta la muerte a Salvador Dalí, y de quien sería su musa según unos, y su genio del mal, según otros.

El nuevo amor de Picasso se llamaba Dora Maar, y hablaba español por haber residido algunos años en la Argentina. De

Dora pintó varios retratos, en los que se transparenta una intensa espiritualidad. Paul Eluard, por su parte, no se opuso a este amor del pintor.

Por aquella época, Picasso empezó a frecuentar nuevamente el ambiente bohemio, haciendo vida de cafés, a veces acompañado de su hijo Pablo, ya de quince años, que empezaba a interesarse por la vida de su famoso padre, el cual era ya un millonario, como contrasentido a sus ideas comunistas.

Y fue en esa época cuando el gobierno de la República, tras el estallido de la Guerra Civil española, le encargó al célebre pintor el *Guernica*, que sería el más famoso de sus cuadros.

El *Guernica* será la culminación del expresionismo latente en Picasso, exasperado por la tragedia que hunde en sangre a su patria. La línea se tuerce o se hincha, el colorido se eleva, la emoción se desencadena y culminará ese patético *in crescendo* en el paroxismo del cuadro inmortal.

El 26 de abril de 1937 aviones alemanes de la Legión Cóndor, Heinkel 111, los famosos Junker 52 y los Messerschmitt 109 lanzaron sobre la histórica población de Guernica, símbolo del País Vasco por su Casa de las Juntas y su árbol de los Fueros o privilegios, decenas de toneladas de bombas; fue el ensayo general para la gran tragedia que pronto se abatiría sobre el mundo. Guernica serviría de laboratorio para experimentar los mortíferos métodos que se emplearían pocos años después en la Segunda Guerra Mundial. Churchill, como siempre, lo diría mejor que nadie: «Guernica fue un horror... experimental.»

Por primera vez, la aviación bombardeaba sistemáticamente a la población civil en las ciudades para minar su resistencia. Después, tal acción sería frecuente. Dos horas después del primer bombardeo, el cúmulo de humo, polvo y hollín sobre la villa vasca era tal que los pilotos alemanes accionaban la palanca de las bombas sin saber ya hacia dónde

El palacete real de Boisgeloup, adquirido por Picasso el año 1932.

irían a caer. Era la rutina de la destrucción iniciada a primera hora de la tarde y no terminada hasta después de tres horas y media de intermitente machaqueo. Hombres, mujeres y niños que huyeron dando grandes gritos de terror fueron ametrallados impunemente por los aviones tras dejar caer las bombas.

Picasso, como Goya en los *El 3 de mayo de 1808 en Madrid: los fusilamientos en la montaña del Principe Pío*, no pudo más y surgió el cuadro inmortal.

CAPÍTULO XX

EL *GUERNICA*, OBRA CUMBRE

El gobierno español otorgó a Picasso, tal vez como cebo para que aceptara la ejecución de la obra pedida, el cargo de director del Museo del Prado, puesto que sólo disfrutó de manera honorífica.

Finalmente, tras muchos titubeos y ensayos, el 1.° de mayo de 1937 (el mismo mes de los intensos y repetidos bombardeos sobre Barcelona por la aviación alemana a las órdenes de Franco, hasta el punto de que la población en masa realizó una especie de pequeño éxodo a los montes colindantes), decidió iniciar su magna obra *Guernica*, destinada al Pabellón Español de la Exposición de París.

Fue en nombre del gobierno español, José Renau, director general de Bellas Artes, pintor valenciano, quien le propuso el cuadro a Pablo Picasso.

Y éste aceptó el honroso encargo. El cuadro está pintado con una bella combinación de tonos grises, blancos, azules y negros, representando las torturas de la Guerra Civil, y simbolizando el bombardeo de Guernica a cargo de la aviación alemana, con todos sus horrores. Es un «manifiesto mundial contra la brutalidad y el dolor organizados», según definición del crítico Gaya Nuño.

En el *Guernica* se hallan presentes los elementos vitales del toro, el caballo que simboliza al pueblo, el combatiente muerto y la mujer aterrada que huye de su casa en llamas.

El historiador Jaffé declaró que:

> *El* Guernica *representa la coronación de la fase mitológica del artista, una síntesis de las obras realizadas a partir de 1934.*

El cuadro mide tres metros y medio de altura por ocho y medio de longitud, y fue colocado en el estudio de Grands Augustin, propiedad de Picasso. Dora Maar, fotógrafa de profesión, retrató cada uno de los bocetos, como testimonio de la dificultad de la creación de aquella obra.

Al *Guernica* se le ha comparado con el *Dos de mayo* de Goya y con *Las matanzas de Quios*, de Delacroix.

Una vez terminado el cuadro, Picasso se trasladó a Mougins, donde le aguardaban Eluard y Nush, su nueva prometida, y naturalmente, Dora. Allí volvió a retratar a la joven en diversas poses que, si en un principio no parecen reflejarla adecuadamente, tras una seria investigación, se acaba por descubrirla, a pesar «de las extrañas líneas y los colores atrozmente encontrados».

Asimismo, pintó a Eluard y a Nush, de acuerdo con su prodigiosa y atrevida imaginación. Una vez de regreso a París, pintó el óleo *Mujer llorando*, cuadro que había empezado varios meses antes. Ese mismo año visitó en Suiza al pintor Paul Klee, ya muy enfermo, y fue a Niza para entrevistarse con Matisse, el cual ya no le visitaba nunca.

Un par de ojos en una cara de perfil

Durante 1938, Picasso estuvo desarrollando constantemente una serie de dibujos de líneas minúsculas, que representaban formas humanas.

Y aunque no olvidaba a Marie Thérèse ni a Maya, su hija más querida, era Dora la que figuraba en primer término entre sus afectos. Fue por aquella época cuando pintó sus famosos dos ojos en la cara de perfil, que es una de sus composiciones más raras y, tal vez, menos comprendidas.

Hizo muchos retratos de Dora Maar, bien de estilo clásico, bien con las líneas y las facciones distorsionadas, dislocadas, en una gama felicísima de estilos.

Fue en aquel invierno cuando Picasso estuvo enfermo del nervio ciático, por lo que tuvo que guardar cama, lo que le irritó sobremanera.

Las visitas afluían constantemente, interesándose por el estado de salud del enfermo, y Sabartés casi se veía desbordado en su misión de mayordomo y secretario.

Una vez recobrada la salud, Picasso volvió con nuevos ímpetus a su tarea innovadora.

Fallecimiento de su madre, doña María

En 1939 falleció su madre en Barcelona, lo que le abrumó de dolor. Tal vez por esto se produjo una nueva forma en sus estructuras: la verticalidad dentro de la distorsión, con ángulos agudos y rasgos alucinantes. Era algo así como el alivio a su pena.

Aquel verano se marchó a Antibes, donde tuvo noticias de la muerte de su gran amigo y protector, Vollard. Fue a París para asistir a sus funerales, mostrándose sumamente acongojado. Cada vez se hallaba más solo, sin su madre, sin algunos de sus más fieles amigos...

Retornó a Antibes con Sabartés y Dora y empezó a cambiar el ambiente aburguesado de la casa, pintando sobre las paredes y haciendo desaparecer muebles y trastos que le disgustaban por absurdos. A Picasso le gustaba el desorden y esto fue lo que impuso en su vivienda. Cocteau llegó a llamarle «rey de los traperos», por la enorme cantidad de cosas al parecer inútiles que atesoraba.

Allí, en aquella época, pintó su *Pesca nocturna*, inspirado por la proximidad del mar. En ese cuadro, los colores son oscuros y las luces vivas y realistas, con contrastes muy señalados, en un estilo hondo y bien encauzado.

Picasso encontró la inspiración para su cuadro en sus paseos por los muelles al atardecer y al iniciarse la noche con Dora Maar, que entonces era su compañera. En la composición la representa de pie en un muelle, sujetando el manillar de una bicicleta con la mano izquierda y lamiendo un cucurucho con dos bolas de helado. Su compañera de la escena, la pintora Jacqueline Lamba, lleva una falda de color verde oliva y un pañuelo verde en la cabeza. Entre las rocas que hay cerca del dique, dos hombres dentro de una barca intentan pescar, atrayendo a los peces hacia la superficie con una potente lámpara de reclamo de acetileno (delineada en color naranja y negro sobre fondo amarillo cerca de la parte central de la pintura); una multitud de grandes mariposas nocturnas y otros insectos, atraídos también por la luz dan vueltas a su alrededor.

Un pescador que lleva un jersey de rayas y unos pantalones azules subidos hasta las rodillas está a punto de coger un lenguado en el agua poco profunda que hay cerca del muelle; su compañero, que tiene un sedal ligado a su pie derecho, mira el agua de cerca, quizá el pez que acaba de pasar nadando. En las rocas parcialmente sumergidas del lado inferior izquierdo de la pintura hay un cangrejo con los ojos llenos de vida, que parece enfocar al espectador.

Picasso adopta en la composición una disposición centralizada, pero a la vez tripartita. Aunque el área central retrocede, ilumina la composición por la fuerza de sus valores luminosos y su contraste marcado de cálidos y fríos. El ambiente que se desprende de la obra es fundamentalmente de placer físico, de juego. Claro que para los pescadores representa su *modus vivendi*, pero para las personas que lo estan mirando es simplemente una distracción, un deporte.

CAPÍTULO XXI

LA SEGUNDA GUERRA MUNDIAL

Estando en Antibes se enteró de los comienzos de la segunda y terrible guerra mundial. Esto le causó un enorme desasosiego, y decidió volver inmediatamente a París. Al llegar encontró a la ciudad sumida ya en la contienda bélica. Luces apagadas, refugios antiaéreos por doquier, temor de una conquista alemana. Esta vez también quedaron movilizados varios de sus amigos, entre los cuales se contaron Eluard y algunos más.

De pronto, ante el peligro de una invasión alemana, Picasso se marchó a Royan, con Dora, Sabartés y Marcelle. Se instaló allí en la villa Les Volières, aunque hacía frecuentes visitas a París, a fin de ir poniendo a salvo su obra, que corría peligro.

Por haberse cruzado con un grupo de caballos en su camino, caballos destinados al frente, esto fue lo primero que dibujó en Les Volières. También creó una serie de figuras femeninas muy raras, en actitudes desesperadas, que junto con las naturalezas muertas fueron el reflejo de lo que sentía en aquellos días de peligro mundial.

> *Daba la impresión de ser un demente que persigue enloquecido todas las formas de expresión al mismo tiempo. Pero no es un loco sino un genio, algo en lo que todo el mundo está de acuerdo.*

Estuvo en la calle de la Boetie de París, para recoger unos útiles de trabajo, y vio cómo empezaban a escasear

123

los materiales plásticos, por lo que se vio obligado a usar otros elementos para continuar trabajando.

Otro viaje a París sirvió para que llevase a un Banco una gran cantidad de obras suyas, y también de sus amigos Matise, Cézanne, Renoir y Rousseau, todo ello por un valor incalculable. En París todo estaba en suspenso, sobre todo lo cultural, a causa del hambre y la destrucción.

En cambio, en Nueva York, por ejemplo, la vida proseguía con su ritmo normal, y así, Alfredo Barr pudo organizar una exposición ya retrospectiva de Picasso, en el Museo de Arte Moderno de aquella ciudad, con trescientas sesenta y dos obras de los últimos cuarenta años del artista: paisajes, retratos de Dora, de Maya, de Mallarmé, de Góngora y Machado, y asimismo el *Guernica*.

Fue un verdadero éxito, pero a Picasso apenas le emocionó. Añoraba París y su ambiente bohemio, y en la primavera de 1940 estuvo en la ciudad que ya no podía nombrarse como Ville Lumière, y visitó los cafés donde se reunían sus amigos, como una especie de liberación de su aislamiento del mundo en Royan.

Iba preferentemente al café Flore, y allí encontraba a Jean Paul Sartre, Prevert, Simone de Beauvoir, Brassai y la joven Nush.

Brassai le hizo unas fotos en el café Lipp, donde Picasso acostumbraba a comer, destinadas a la revista *Life*.

Unos días más tarde, Picasso visitó a Brassai en su estudio fotográfico, no sólo para ver las fotos tomadas, sino otras, puesto que Brassai estaba considerado como un verdadero maestro de la fotografía. Las que se habían tomado en París, en los años treinta, entre las que se veían golfillos, prostitutas e invertidos, o fumadores de opio, llamaron mucho la atención del genial pintor.

Cuando se ve lo que usted expresa con la foto-grafía, uno se da cuenta de lo que no puede conse-

*guirse con la pintura... La fotografía ha llegado en
el momento preciso para liberar a la pintura de toda
literatura, de la anécdota e incluso del tema...*

Acto seguido le animó a continuar, asegurándole que su
arte era una mina de oro.

Poco después, Picasso regresó de nuevo a Royan, donde
vivió más de un año.

Ocupación alemana

En uno de los viajes que realizaba a París, Picasso se puso
en contacto con los exiliados españoles que estaban refugiados en la capital de Francia, y a muchos los ayudó de
acuerdo con sus posibilidades. Entre dichos refugiados se
hallaba Mercedes Guillén, una escritora catalana que después
escribió un libro: *Picasso*, en 1975.

Fue en Royan donde Picasso asistió a la llegada de las tropas alemanas con sus armas destructoras y el éxito de la victoria retratado en su arrogancia.

La tristeza inmensa que ello le produjo quedó debidamente
plasmada en su tela *Mujer sentada peinándose*. También, sin
duda a causa de su pesadumbre, continuó pintando desnudos
femeninos y cabezas de un confusionismo dislocado.

Como toda Francia estaba ya ocupada por los alemanes, de
nada le servía vivir en Royan, por lo que el 25 de agosto
de 1940 regresó a París, y organizó nuevamente su vida en
la calle de la Boetie, si bien prefirió trabajar en el estudio que
poseía también en la calle de Grands Augustins.

Picasso contaba ya sesenta años, pero estaba fuerte y con
una asombrosa vitalidad. Los alemanes, aun considerándole
un mal artista, no entendiendo sus cuadros ni sus estilos, decidieron ayudarle pese a todo, pero él, aunque encubiertamente,
rehuyó su ayuda tanto como le fue posible en aquella época

de estrecheces y carencias de casi todo. Rechazaba casi abiertamente al régimen nazi, y nunca fue, en cambio, molestado pese a las repetidas visitas de ciertos alemanes a su estudio.

Françoise Gilot

Fue en época tan desdichada como aquélla, cuando apareció en la vida de Pablo Picasso la joven Françoise Gilot.

Picasso, harto del estudio de Grands Augustins, se trasladó a la buhardilla de Barrault, donde fue acumulando una cantidad casi tremebunda de objetos de todas clases, que recibía como regalos. No tenía tiempo siquiera para verlos, pero todos los conservaba. Hacía una vida bastante sedentaria, engordó y cuidaba poco su indumentaria. En realidad, nunca había querido sentar plaza de elegante y distinguido.

Françoise Gilot fue otra de sus compañeras, la que le alegró la vida en aquellos momentos casi depresivos para el artista.

Todos sus amigos seguían visitándole o reuniéndose con él en los cafés de costumbre: Cocteau, Sartre, Eluard, Jean Marais, Brassai...

Por su parte, trabajaba en bodegones y paisajes, además de dedicarse al arte de la escultura. También escribió una comedia titulada *El deseo atrapado por la cola*, que dio a conocer en 1944.

Realizó una serie de esculturas extrañas, con materiales diversos, casi todos ellos absurdos, que sólo gracias a la potencialidad mágica de sus manos resultan verdaderas obras de arte, aunque sea un arte poco comprendido, tal vez ni siquiera por él mismo.

De esas manos se dijo:

> *Pueden empuñar un pedazo de tiza y transmitir*
> *sus más sutiles intenciones, dando vida a una silueta*

Picasso dejó su impronta personal hasta en su autorretrato.

*de mujer, de pájaro o de lo que su imaginación le
quiera dictar.*

*Sus manos pueden dibujar, borrar, difuminar, ras-
gar, bosquejar y manejar con o sin ayuda de utensi-
lios, sea cual sea el material en que trabaje.*

Y fue con esas manos con las que creó la *Cabeza*, hecha
de papel, y la *Cabeza de toro*, hecha con un sillín y un manillar de bicicleta.

En 1944, surgió ya, de enorme temática *El hombre que
lleva un cordero*, para el que anteriormente efectuó una serie
de bocetos enfocados hacia el tamaño natural. Unos meses
más tarde obtuvo la arcilla necesaria y emprendió la labor,
pero en menor escala de lo que había planeado, terminando
la figura por la noche.

El hombre que lleva un cordero es una figura desnuda
que sostiene con sus manos al animal, cogido por las cuatro patas; los rasgos son simples, elementales, y la expresión es de una gran ternura. Más tarde la regaló al pueblo
de Vallauris, como un recuerdo de su estancia prolongada
en tan simpático pueblo.

También fundió en bronce, en el mismo período, la escultura titulada *La calavera*.

CAPÍTULO XXII

PICASSO EN EL NAZISMO

Max Jacob, como era de esperar, fue detenido por judío, pese a haberse convertido al catolicismo, y fue encerrado en la abadía de San Benito, siendo trasladado a un campo de concentración en Drancy, donde murió el 5 de mayo. Cuando Picasso se enteró de tan triste noticia, experimentó «un gran vacío en el corazón», puesto que Max había sido uno de sus amigos más íntimos y casi su protector al haberle ayudado económicamente en sus épocas de penuria y hambre.

Picasso, por otro lado, se portó valientemente en sus tratos con los nazis. Su comedia *El deseo atrapado por la cola* fue leída, a guisa de representación, en casa de sus amigos los Leiris, por un grupo de actores improvisados, todos ellos personajes famosos: Jean Paul Sartre, Simone de Beauvoir, Raymond Quenean, Jean Aubier, Dora Maar... dirigidos por Albert Camus.

En una época en que todo intento cultural y literario era terminantemente prohibido, aquella lectura fue un verdadero desafío al poder de los ocupantes de Francia.

El deseo atrapado por la cola posee innegablemente un gran ingenio, dentro del estilo lírico grotesco, con un gran sentido erótico y una filosofía de la vida característica de Picasso. Los verdaderos protagonistas de la obra son el frío y el hambre, y a su alrededor se mueven los demás personajes de carácter abstracto.

129

Picasso estaba muy entusiasmado con la comedia, que fue estrenada en Londres después de la guerra, así como de la poesía en que estaba compuesta. Estaba tan sumamente convencido de sus dotes literarias, que llegó a decir en cierta ocasión:

> *Pasaré a la historia, si paso, definido así: Pablo Ruiz Picasso, poeta y autor dramático español. De él se conservan algunas pinturas.*

Claro que esto fue dicho en un tono lleno de ironía.

Jean Marais, el gran actor francés, le encargó el cetro que llevaría Pirro en la tragedia *Andrómaque* de Racine, que se representó en el teatro Eduardo VII de París. Luego, también ejecutó el telón de fondo del ballet *Le rendez-vous*, de Jacques Prévert y Roland Petit, con música de Pierre Kosma, que se estrenó en el teatro Sarah Bernhardt.

Finaliza la guerra

Una vez terminada la guerra, París empezó a recuperar su antigua fisonomía, y Picasso es ya un ciudadano genial, cuyas novedades interesan al mundo entero.

En el piso bajo de Grands Augustins se reunían los numerosos visitantes, ávidos de poder subir al piso superior, donde trabajaba el pintor.

Su biógrafo Penrose escribió:

> *Se veía sitiado por entusiastas de gran variedad de uniformes, y con frecuencia sin posibilidades de hacerse entender ni en francés ni en español. Él, de pie, fumando continuamente cigarrillos, pequeño, pero irradiando vitalidad desde sus ojos negros, su voz, sus gestos y su sonrisa estimulante, dejaba una profunda impresión en los millares de personas que le visitaron.*

El gran escritor norteamericano Ernest Hemingway fue una de las primeras personas en ir a verle, recién llegado del frente, en calidad de corresponsal de guerra. Su regalo consistió en una caja con bombas de mano, al no hallar nada más en el jeep que le llevó a la casa del pintor.

Las exposiciones de su obra se sucedían ya a un ritmo casi vertiginoso, siendo las más importantes las celebradas en el Museo de Arte Moderno de Nueva York y en la Sociedad de Arte Moderno de México.

En París, organizada por Jean Cassou, se celebra otra exposición que muestra la producción artística de Picasso durante el angustioso tiempo de guerra; será en 1945 cuando se exhiban tales obras en el Museo Victoria y Alberto de Londres junto a de cuadros de Matisse, también en plena producción, aunque ya no era el «rey de los fauves», como se le había llamado, sino un artista en la cumbre de su genio, dueño de sí mismo, y siempre como una antítesis de Picasso.

Efectivamente, los dos pintores fueron verdaderos rivales, tanto en el terreno de la producción, como en la variación de estilos, contradictorios siempre, y siempre valederos para la posteridad.

Matisse, para permanecer en la cumbre, tenía en cuenta su posición ante el éxito y el modo de defenderlo. Su postulado era éste:

> *Hay que ser más fuerte que nuestras propias facultades a fin de poder protegerlas.*

Y Picasso abundaba en las mismas ideas.

Henri Matisse (1869-1954) trabajó en su juventud como escribiente hasta que una enfermedad y la posterior convalecencia hizo caer en sus manos un tratado de pintura. Se matriculó entonces en la escuela municipal en régimen nocturno y después, ¡cómo no! marchó a París. Allí conoció a

Rouault, Camoin y Marquet, con quienes trabó estrecha amistad. Visitó con frecuencia el Louvre y se empapó de los clásicos como bien muestra su cuadro *Tejedor bretón* (1896).

En 1897 se puso en contacto con los impresionistas, algo que iba a cambiar radicalmente su vida y su pintura. El influjo impresionista es evidente en sus paisajes de Córcega y de la Costa Azul. Su paleta se intensifica y logra diversidad; el dibujo se hace menos convencional, manifiesta una personalidad más afirmada. Separándose de los impresionistas, Matisse quiere expresar la luz que exalta los tonos, afirma los contornos y pone en evidencia las formas, simplificándolas. Prefiere, por ello, los paisajes mediterráneos. Influyen en él Cezanne y los neoimpresionistas, o posimpresionistas como Van Gogh.

Este derroche de color provoca en el Salón de Otoño de 1905, en el que Matisse hace su presentación pública junto con Rouault y Vlaminck, que se califique la exposición como la «Jaula de Fieras» (en realidad se dijo que en el Salón había una estatua del gran escultor renacentista italiano Donatello y alguien exclamó «¡Mirad a Donatello entre las fieras!»). El epíteto hizo fortuna y Matisse y los suyos recibieron el apelativo de *fauves*, en francés «fieras», de donde deriva su estilo fauvismo, aunque probablemente les cuadra mejor el de «incoherentes» o «invertebrados», nombre que también se les da.

«Mi sueño —manifiesta Matisse— es un arte lleno de equilibrio y pureza, sin contrastes intranquilizadores que exijan especial atención». Lo decorativo recupera en Matisse parte del valor perdido.

El universo de Matisse, integrado inmutablemente por mujeres jóvenes y hermosas, plantas exóticas, flores y frutos, pájaros, objetos de lujo, ocios y sol, mucho sol, revela una audacia en la imaginación cada vez más libre, fruto de la libertad lograda por el pintor gracias a la maestría de su arte y gracias a sus esfuerzos constantes —como Picasso—

por renovarse, por superarse, por enriquecerse, despojándose de modo radical de lo superfluo.

En total oposición con Picasso, Matisse es un pintor genuinamente francés, dotado de una lógica admirable que cuidó de utilizar sus instrumentos de trabajo y las más distintas técnicas conforme a las exigencias de la naturaleza. Matisse representa el equilibrio de la obra largamente meditada y después plasmada con vibrantes acentos en el lienzo. Equilibrio y acción, lo antiguo y lo moderno se funden armoniosamente en este pintor que también abrió caminos como su rival, Picasso (del que como hemos visto, por ser dos genios, a veces coincidían en puntos de vista, aunque ellos no quisieran), a la pintura actual e incluso futura.

CAPÍTULO XXIII
MÁS MUJERES EN SU VIDA

Aquella fue para el genial pintor malagueño una época de reajuste social y artístico, siendo entonces cuando conoció a una joven estudiante, llamada Geneviève Laporte, «el amor secreto de Picasso», según ella misma se definió en su libro, que ostentó esta frase como título.

Geneviève hizo su aparición en la vida del pintor, contando unos cincuenta años menos que éste, en 1944, con motivo de una entrevista destinada a una publicación escolar. Geneviève se quedó prendada del genio y del hombre, pero hasta 1951 no fueron «amantes en secreto», aunque en realidad fuera un secreto a voces.

Fue después de un viaje que realizó por Estados Unidos la joven estudiante, cuando volvió a encontrarse con Pablo Picasso, y empezó el amor secreto. En un párrafo de su libro, Geneviève explicaba:

Pablo va a cumplir noventa y un años. El niño de mis recuerdos me transporta al 25 de octubre de 1951...

Era ésta la fecha de una tarjeta que le envió Picasso, acompañando a unos claveles reventones, con la dedicatoria:

Para Geneviève, recuerdo de todos los momentos. Villauris, a 25 de octubre de 1951.

Geneviève guardó dicha tarjeta amorosamente, puesto que para ella era un honor mantener unas relaciones con un genio tan grande, aunque fuese ya un hombre de más de setenta años.

Sin embargo, volviendo a 1945, a Picasso se le pidió que precisase su postura política, y el pintor se decidió rápidamente por el Partido Comunista Francés, cosa que no aprobaron muchas de sus amistades.

Junto con él, ingresaron en el mismo partido Eluard, Tzara, Léger, Langevin... Sin embargo, algunos miembros del Partido Comunista le indican que sus pinturas no les gustan. Tal vez no las entendían, como les ocurría a otros muchos, carentes del modernismo necesario para comprender el arte novísimo de la segunda mitad del siglo XX.

El académico ruso Guerasimov declaró poco después:

Picasso es un excelente combatiente en pro de la paz, pero no tiene nada de pintor.

Esta opinión, sustentada por tan gran académico, sirvió más adelante como punto de apoyo por parte de algunos intelectuales, para negarle arte alguno al retrato de Stalin hecho por encargo de Louis Aragon, con destino a *Lettres Françaises*.

La verdad es que dicho retrato no tenía el menor parecido con el dictador soviético, ya fallecido, y esto aparte, la dislocación de los rasgos despertó una serie de airadas protestas y críticas adversas. Picasso reaccionó ante aquella oleada de comentarios con irritación e ironía a la par.

Respecto a su modo de actuar en el campo político, éste estuvo debidamente acentuado al ceñirse a su concepto de la plástica:

La pintura no fue creada para adornar habitaciones, sino que es un arma en el ataque y una defensa contra el enemigo.

136

Françoise

Ya se nombró a Françoise Gilot. Esta joven era una joven pintora que había pedido consejo a Picasso, y a quien éste había retratado, demostrando que era una muchacha sumamente atractiva. Tenía veintiún años, unos ojos muy hermosos y una figura que sedujo al maduro galán, al siempre romántico y apasionado andaluz.

Pero si se enamoró —tal vez sería mejor decir «encaprichó»— de Françoise, continuó viviendo con Marie Thérèse y relacionándose con Dora Maar, pero desde otro ángulo de mira.

Dora estaba enferma desde cierto tiempo atrás, siendo tratada por un psiquiatra a causa de sus desequilibrios de carácter místico. Dora y Picasso se separaron al fin, dentro de una calma muy serena, aunque la joven siempre le guardó cierto rencor por no haber obtenido todo el amor que deseaba, puesto que tuvo que compartirlo con las demás mujeres de su período.

Picasso, lo mismo que a las demás mujeres, la quiso también, pero a su manera ególatra; lo mismo que a Geneviève Laporte y casi simultáneamente a Françoise Gilot, de la que, no obstante, pareció muy enamorado.

Ahora, Picasso empezó a dedicarse preferentemente a la litografía. Pero el espacio de que disponía en Golfe-Jean, donde pasó aquel verano, era demasiado limitado, y al comentar tal cosa con el director del Museo de Antibes, éste le cedió el Palacio Grimaldi para que pudiera trabajar a sus anchas. Picasso aceptó entusiasmado y agradecido, y allí fue donde pintó toda clase de ninfas, faunos y centauros, figuras que danzan entre rosas, y un gran panel, *Ulises y las sirenas*, de una concepción ciertamente extraordinaria. El Palacio Grimaldi terminó llamándose Museo Picasso, honor que le dedicó Antibes, feliz y orgullosa de albergar tantas veces al pintor.

En aquella temporada pasada en la Costa Azul, tuvo constantemente a Françoise a su lado.

Picasso en la madurez

Ahora lo que entusiasmaba preferentemente a Picasso eran la cerámica y la litografía, trabajando en el taller de su buen amigo Mourlot. Todos los temas le producían una sucesión de modificaciones hasta lograr un desprendimiento de líneas innecesarias y superfluas.

Por fin, sus relaciones sentimentales se concentraron exclusivamente en Françoise, después de romper definitivamente con Dora Maar y distanciarse de Marie Thérèse. Cuadro fruto de esa época fue *La alegría de vivir*, que reflejaba exactamente lo que a la sazón sentía Picasso, el hombre y el artista.

Fue entonces cuando trabó amistad con la familia Ramié, que poseía un taller de cerámica en Vallauris. Picasso se interesó por esta rama de la artesanía y decidió probar fortuna en ella. Así, fijó las figuras de jovencitas desnudas en los jarros, lo mismo que caballos, toros y otros animales. La simbología era la misma, pero diversas las expresiones, como obedeciendo a su estado reflexivo y psicológico.

La fábrica de los Ramié se benefició de la presencia del genial artista, que innovaba y creaba, y extendiéndose esa fama a otros talleres del pueblo, todos fueron prosperando y le dieron a Vallauris un gran renombre dentro del campo de la cerámica.

Picasso se trasladó durante aquel período a Menerbes, para visitar a Dora, que estaba convaleciente. Solícitamente, la atendió en lo material, procurando que nada le faltase. Pero otros intereses atraían su atención, principalmente el embarazo de Françoise.

138

CAPÍTULO XXIV
LA *PALOMA DE LA PAZ*

Una muerte más

Mientras tanto, el fiel Sabartés trataba de que no molestasen a su amigo los visitantes inoportunos. Picasso, no obstante, sí recibió a Dora Maar, y dejó solo a Brassai en su estudio, regresando poco más tarde con Dora, ambos totalmente emocionados, demudados: Nush había fallecido de una hemorragia cerebral. Los dos le contaron lo ocurrido a Brassai. Eluard, que tanto amaba a Nush, estaba en Suiza. Picasso comprendía el dolor que sufriría su amigo cuando supiera la mala noticia.

Un mes más tarde, Sabartés avisó a Brassai para que fuese a ver una nueva obra del genio pictórico. Éste se hallaba rodeado por sus admiradores, que le acosaban, y Sabartés condujo a Brassai al estudio. Allí le enseñó una escultura titulada *Artista pintor*, de tamaño natural, colocada delante de un cuadro. Había sido una obra de elaboración lenta, pero rápida de ejecución. Brassai quedó como estupefacto ante el enigma que representaba la figura.

El pintor de la obra ostenta una paleta luminosa, que le enviaron a Picasso desde Estados Unidos, y que él consideraba como un objeto mágico en la mano del personaje. Brassai escuchó atentamente las explicaciones de su amigo pintor y realizó varias fotos.

Un nuevo hijo

El 15 de mayo de 1947 nació Claudio, el hijo de Françoise. Picasso tuvo motivos nuevamente para estar satisfecho, ya que se trataba de un niño robusto, muy hermoso.

Pero el gobierno de Polonia le invitó a tomar parte en el Congreso Mundial de la Paz, y el pintor partió en avión, en compañía de Eluard, visitando Varsovia y Cracovia en una gira que duró quince días. En el Congreso pronunció un discurso que fue muy celebrado, y Picasso fue asimismo condecorado por el gobierno de Polonia.

La *Paloma de la Paz*

Fue en 1948 cuando se organizó en París el Congreso Mundial de la Paz, y Picasso fue encargado oficialmente de realizar un símbolo representativo de dicho Congreso. Era natural, pues, que Picasso, tan amante de los animales, y especialmente de las aves, a través de toda su obra pictórica, pintase una paloma, el verdadero símbolo de la paz en todos los tiempos.

La *Paloma de la Paz* dio la vuelta al mundo, tan célebre por su simbología como por su logro sin par.

Siendo nombrado Jean Cassou director del Museo de Arte Moderno de París, tuvo la idea de reivindicar a los pintores considerados rebeldes, entre los cuales figuraban Matisse, Braque, Léger y, claro está, Picasso, cuyas obras eran cada vez mejor cotizadas, hasta el punto de que el nuevo director no tenía presupuesto para adquirirlas. Pero Picasso fue con él muy generoso, haciendo donación de algunos cuadros de entre los más costosos, no sólo para el Museo de Arte Moderno, sino también para otras instituciones.

Picasso ante la mesa del desayuno, durante su estancia en Vallauris.

Otra Paloma

Dos años después del nacimiento de Claudio, nació otra hija de Picasso y Françoise: Paloma. Picasso rondaba los setenta años y era completamente dichoso con esta nueva paternidad. Mas, para ocultar su emoción, llegó a exclamar: «A mi edad es ridículo tener hijos, ¿no es cierto?»

Seguramente, no lo creía en su interior.

Luego, promediado 1950, asistió al Congreso Mundial de la Paz, en Londres, junto con Eluard y Tristán Tzara, y expuso en la Bienal de Venecia.

Pese a todos estos congresos, en aquellas fechas se inició otro conflicto: la guerra de Corea, y Picasso, siempre sensible a tales acontecimientos, pintó un cuadro sumamente inspirado: *Masacre en Corea* o *Los fusilamientos en Corea*, con una clara influencia de su más admirado maestro: Goya. Sin embargo, no es éste una de sus obras maestras.

Picasso, pese a este pequeño fracaso, siguió triunfando en el arte... pero no así en su vida privada. En efecto, sus relaciones con Françoise, pese al nacimiento de los dos hijos, iban de mal en peor, hasta que por fin llegó la inevitable separación. Picasso sintió agriarse su humor con la actitud de la joven, que hallaba detestable la vida al lado de un setentón, y los dos decidieron separarse en plan amistoso.

A su edad, Picasso podía dar por finalizada su vida amoroso-erótico-sentimental. Los años con Françoise fueron quizá, en conjunto, los «más familiares» del artista, preocupado por los hijos que ésta le había dado. Tal situación incluso la plasmará en telas como *Claude dibujando* realizada en 1954 al óleo (Museo Picasso, París).

Al no haber nada mejor, Picasso había escogido como hogar la desagradable y pequeña casa de color rosa denominada «La Galloise», levantada en una colina escalonada cerca de

Vallautis. Allí había dos moreras demasiado bajas para que pudieran esconder la geometría infantil de la fachada que acababa en forma triangular y que, sin embargo, servían para hacer sombra a un pequeño terrado. Las desoladas habitaciones ofrecían mucho espacio para Françoise y el recién nacido Claude.

Es una época en que Picasso se deja absorber por completo por su nueva familia. Se conservan muchos dibujos y cuadros en los que se ve a los niños concentrados en sus juguetes y en sus juegos, vestidos de colores alegres, intrépidos, implacables y desbordantes de energía. Picasso gozó entonces de un período de buen humor que le hizo participar en los juegos de sus hijos y con frecuencia les divertía confeccionándoles muñecos que fabricaba con trozos de madera y adornaba con unos cuantos rasgos hechos con tizas de colores, o bien con pedazos de cartón. A veces les hacía figuras de hombres y animales y los coloreaba confiriéndoles expresiones tan singulares que la imaginación de los muchachos transformaba pronto en personajes de cuentos o leyendas populares. La traza era tan graciosa, misteriosa o de un acabado tan perfecto que incluso sus hijos mayores y su esposa disfrutaban con ellos.

En la composición *Claude dibujando*, aparece éste encerrado en una especie de espacio azul, alargando la mano hacia el papel en el que va a dibujar; su hermana, encerrada a su vez en otro espacio rectangular verde, lo contempla absorta y meditabunda, mientras ambos son acogidos amorosamente por los brazos extendidos de su madre realizada en trozos blancos y que a su vez contempla la escena con atención. Los trazos blancos de Françoise destacan de un fondo de color lila que llega hasta poco más de la mitad del cuadro en donde comienza el suelo de la imaginaria habitación, confeccionado en un gris azulado.

La contemplación de la escea trae al espectador un soplo de paz y de tranquilidad, vivo ejemplo de cualquier hogar popular con una madre y dos niños. Y es que los grandes genios con sus grandes virtudes y defectos, también tienen su corazoncito como mortales que son y no dioses.

CAPÍTULO XXV
LA ÚLTIMA Y DEFINITIVA MUJER

Efectivamente, fue en una pastelería de Vallauris donde Picasso conoció finalmente a Jacqueline Roque, a la que trató más adelante en el taller de cerámica de los Ramié. Jacqueline estaba separada de su marido, un tal Hutin, y tenía una hija de seis años, que se llamaba Catherine. Picasso, tan pronto como la vio, se enamoró de ella, precisamente cuando Françoise acababa de abandonar La Galloise, la villa residencial de Vallauris, yéndose a París con Claudio y Paloma.

Pablo Picasso estaba, pues, solo... con el recuerdo de todas las mujeres que habían pasado por su vida: Fernande, Olga, Eva, Dora, Marie Thérèse, su hijita Maya... Se sentía viejo, pero no acosado, y sabía que todavía era capaz de alentar otro amor.

Este amor fue Jacqueline Roque, y un día la mujer llamó a la puerta de La Galloise, con una caja de dulces entre las manos, pues sabía que Pablo era muy goloso. Fue el amor quien llamó a la puerta. Y el amor se quedó al lado del pintor. Jacqueline era diferente a todas las anteriores mujeres de Picasso. Era natural del Rosellón, y hablaba catalán. Es posible que no amase al anciano de setenta y dos años, pero sí estaba decidida a cuidarle y mimarle en todo momento.

Sin embargo, hubo algo que Jacqueline no soportó: La Galloise, por los detalles que contenía recordatorios de

145

Françoise, y fue por eso que Picasso adquirió una villa cercana, La California, espaciosa y grata, donde a partir de entonces residió mucho tiempo, aunque su última morada fue Nôtre-Dame de Vie.

La California era una villa construida a principios de siglo. Picasso explicó en más de una ocasión:

> *Lo que más me gustó de La California fue que las habitaciones estaban muy bien iluminadas. No me importó que la casa fuera de un estilo feo y vulgar, ya que servía a la perfección a mis propósitos de trabajo, pues tenía suficiente espacio para moverme a mis anchas y trabajar. Por esa época no buscaba un estudio de artista sino más bien un hogar que pudiera amoldarse a mi trabajo.*
>
> *Y eso, ciertamente, lo encontré en la villa. Además, las verjas servían casi de frontera y salvaguarda de los que en París no dejaban de asediarme y, en consecuencia, no me dejaban trabajar.*

Las Meninas

La vida y la obra de Pablo Picasso prosiguieron su marcha en La California, dentro del orden nuevo logrado por Jacqueline, aunque sólo dentro de lo posible.

A Picasso le resultaba cada vez más difícil oír a la gente y en aquel enorme caserón continuó pintando cuanto le dictaba su jamás desmentida imaginación.

De este modo, se sucedían los retratos de Jacqueline, en un fondo floreado, con una mantilla, o ataviada de turca... Las líneas, o eran correctas o estaban desprovistas de clasicismo, con tendencias geométricas.

Pero Picasso se sentía dichoso pintando, lo mismo que era feliz amando.

146

Y fue entonces cuando decidió crear algo muy difícil y atractivo para su ingenio: las variaciones de *Las Meninas*, del gran pintor español Diego Velázquez, que tanto había admirado el malagueño en el Museo del Prado.

El 17 de agosto de 1957 inició dichas variaciones, que terminó el 30 de diciembre, con un total de cincuenta y ocho telas. Había trabajado a gusto en un estudio casi desprovisto de muebles, rodeado de un jardín que contemplaba de vez en cuando y alumbrado de noche por una lámpara pendiente del techo.

Una vez terminadas las cuarenta y cuatro —que tales fueron al final— telas de *Las Meninas*, le visitaron Leiris y Pignon, los cuales se asombraron ante su audaz versión del cuadro de Velázquez.

De la misma época son *Desayuno en la hierba*, *El piano* y un retrato de Jacqueline.

La California era ya lugar de peregrinación muchos visitantes que acudían a ver a Picasso, ya el genio indiscutible e indiscutido. Por allí desfilaron músicos como Poulenc y Georges Auric, autor de numerosas bandas sonoras para películas, y actores como Gary Cooper y Brigitte Bardot. No faltó Cocteau, su gran amigo y admirador.

De aquella época dijo Penrose:

> *Recoger sus conversaciones sería harto difícil. Se quedan entre miradas, expresiones, gestos, una rápida carcajada que subraya un divertido absurdo y, sobre todo, en las reacciones de los que escuchan las ambigüedades y paradojas que son el umbral de nuevas ideas. Una visita a Picasso es siempre una aventura. Durante una visita que empieza con payasadas, el premio final puede ser una exhibición de sus últimos lienzos.*

La amistad con la familia Dominguín-Bosé

Tampoco dejaban de visitarle casi nunca que viajaban a Francia el torero Luis Miguel Dominguín, su esposa Lucía Bosé y sus hijos. Ya sabemos lo aficionado que era Picasso a los toros, y se podría decir, sin temor a equivocarse, que el torero más admirado por el pintor en esta época era Luis Miguel Dominguín.

Cuentan las anécdotas que los dos personajes andaban siempre discutiendo, siempre a la greña, por cuestiones tales como si reinaron antes los Reyes Católicos o Felipe II, si había sido antes Frascuelo que Guerra, etcétera.

Los toros, en realidad, le apasionaron por etapas. Por supuesto, la primera y definitiva etapa fue la de su infancia, afición que le vino por su padre. Mas, posteriormente, se podría decir que los toros le obsesionaron intermitentemente, pues durante algunos años no se interesó por ellos. Seguramente, el renacimiento de la pasión por la tauromaquia le llegó gracias a Luis Miguel Dominguín. Y la época en que abandonó el tema de nuevo coincidió con la segunda retirada del torero.

El Picasso aficionado a los toros frecuentaba las plazas del Mediodía francés. Arlès y su plaza era uno de sus lugares preferidos. Así, asistir a las corridas era casi un ritual en la familia Picasso.

Llegaba a la ciudad donde se efectuaba la corrida varias horas antes. Y entonces era seguido por una multitud de personas que le reconocían y veneraban. Cuando la corrida terminaba, regresaba a La California y allí se deleitaba en explicar a los amigos que le acompañaban, aunque hubieran visto la corrida, cómo lo habían hecho los toreros. Cualquier cosa le servía de capa. Y, al cabo de un par de días, hacía la reconstrucción en un lienzo o en papel.

Un encargo oficial

Fue también por aquella época cuando realizó el gran mural para la sede de la Unesco en París, como encargo oficial. Acabó tan ingente labor en 1958, y fue a partir de aquí cuando emprendió la nueva modalidad de grabar sobre linóleos, algo que realizó de forma magistral.

CAPÍTULO XXVI

LOS ÚLTIMOS AÑOS
DE PABLO RUIZ PICASSO

Casi a los ochenta años se casó Picasso con Jacqueline Roque, legalizando de este modo una situación que era ya casi insostenible. Adquirió el castillo de Vauvenargues, en la falda del monte Saint-Victorie, y allí se fue a vivir con Jacqueline, su hija, los servidores, tres perros y muchos cuadros, esculturas, bronces y los ochocientos lienzos de sus amigos que guardaba en un Banco. Pero el castillo no le gustó y regresaron todos a La California. Pero tampoco aquí se encontraba contento, y adquirió un caserón en Nôtre-Dame de Vie, propiedad rodeada de cipreses y olivos. Fue en esa casa donde se instaló definitivamente Picasso en junio de 1961.

Un homenaje en vida

El 25 de octubre cumplió Picasso los ochenta gloriosos y fecundos años, y en Vallauris se le rindió un homenaje, al que concurrieron personajes de todas las partes del mundo.

Se anunció una corrida de toros en la que tomarían parte Luis Miguel Dominguín, a la sazón no sólo uno de los mejores amigos del pintor, sino también el torero de moda, Antonio Márquez y el maestro Domingo Ortega, llamado el «gran señor del toreo». La corrida sería presidida por Picasso.

Pero antes hubo una reunión en el Gran Café que convocó a de poetas, pintores y actores, todos los cuales fueron a agasajar y colmar de atenciones al «gran monstruo», como le motejó Rafael Alberti.

Al homenaje acudieron, entre otros, Paco Rabal, Juan Antonio Bardem, Manolo Ángeles Ortiz y otros muchos; todos ellos celebraron la llegada de Pablo del brazo de Jacqueline y de Lucía Bosé, esposa de Dominguín.

Ya en el palco presidencial del coso taurino, Picasso estuvo rodeado por sus hijos, por Sabartés, Salacrou, etcétera.

Pablo Picasso, hijo, que heredó el arte de la payasada de su progenitor, apareció en el ruedo disfrazado, al frente de la charanga con la que había recorrido el pueblo.

Hubo una fiesta en el Palacio de Exposiciones de Niza, en la que actuaron artistas de varias partes del mundo. Igor Markevitch dirigió *El Sombrero de Tres Picos*, Nati Mistral cantó varias piezas españolas, Rabal recitó poemas de Rafael Alberti y Miguel Hernández, y el bailarín Antonio interpretó sus zapateados, únicos en el mundo entero.

También en Vallauris se inauguró una exposición de obras del pintor homenajeado.

En resumen, España y con ella todo el mundo estuvo presente en el homenaje al «gran monstruo» de la pintura, Pablo Ruiz Picasso.

El premio Lenin

En 1962 se ofreció una muestra retrospectiva de la obra conjunta de Picasso, obteniendo éste el premio Lenin, como reconocimiento a su intensa labor... y a su comunismo siempre proclamado.

Ahora se había especializado en el tallado sobre linóleo de variados colores, una labor que le gustaba porque,

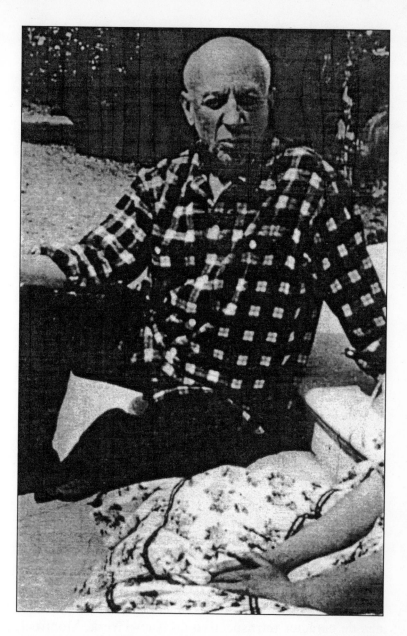

Hasta en su edad madura, Picasso se sentía como un joven enamoradizo.

ayudado por el impresor que actuaba rápidamente, podía ver los resultados en seguida.

Pese a su avanzada edad, Picasso iba todos los días a la playa de Cannes, donde se bañaba con Jacqueline, hasta bien entrado el invierno.

El mar, en realidad, fortalecía su salud. Continuaba viviendo en Nôtre-Dame de Vie, feliz y reconfortado.

En esa época pintó los decorados y el telón de fondo del ballet *Icaro*, de Sergio Lifar, que se estrenó con gran éxito en la Ópera de París.

A sus ochenta y un años de edad, Picasso continuaba en primera línea. Pero Brassai y Klanweiler ya hablaban de los «falsos Picassos» que corrían por el mundo, como los del pintor Óscar Domínguez, tan perfectos, que era casi imposible distinguirlos de los auténticos. Cuando Picasso se enteró de tan colosal estafa, en vez de denunciar al atrevido imitador, envió a los compradores de cuatro copias respectivas de una misma tela suya el importe abonado, y esto le hizo sentirse tan feliz como un niño con un juguete nuevo.

El Museo Picasso de Barcelona

Mientras tanto, con todas las obras adquiridas y donadas, se estaba ya organizando el Museo Picasso, cuya sede debía ser el Palacio Berenguer de Aguilar, un edificio gótico del siglo XIV de Barcelona. En dicho Museo podía admirarse *Las Meninas*, el homenaje de Picasso a Velázquez. Fue Sabartés quien se encargó de reunir las obras del pintor. Pero Picasso no acudió a la inauguración del Museo porque había prometido, lo mismo que Pablo Casals, no pisar tierra española mientras viviera Franco. Esto sucedía en 1963.

Al año siguiente, 1964, hubo unas exposiciones picassianas de carácter retrospectivo en Nueva York, Montreal, Toronto, Kioto, Tokio y Nagoya. Mas Picasso apenas se conmovía ante tales muestras de interés, y vivía plácidamente en su bella residencia.

Françoise Gilot publicó aquel año la biografía *Vivir con Picasso*, en Estados Unidos. En el libro se trata la etapa que vivió el pintor con la séptima de sus compañeras.

Picasso, enfadado, acudió a las autoridades con el intento de que la obra fuese secuestrada, pero fue en vano.

Infatigable trabajador y agudo observador desde su infancia, ha dejado una inmensa producción, muy difícil de inventariar por completo. En 1981 se conmemoró el I centenario de su nacimiento con la inauguración en el museo barcelonés de nuevas salas abiertas en el contiguo palacio Meca. El Museo Español de Arte Contemporáneo de Madrid realizó entonces una Exposición antológica del artista entre noviembre y diciembre de dicho año, exposición que en enero-febrero de 1982 pudo contemplarse en Barcelona. Para ella se confeccionó un enorme catálogo en el que nos hemos basado para comentar algunas de las obras más significativas.

Picasso quedó encantado con la ubicación de su museo en Barcelona; no en vano vivió cerca de él, asistió a la Escuela de Bellas Artes de la Lonja, tuvo un estudio en la calle Comercio y frecuentó los de sus amigos Sabartés y Vidal Ventosa, situados en la calle Consulado y Plaza del Oli (plaza del Aceite) respectivamente, e incluso tuvo como amigos en la misma calle Montcada a los hermanos Pitxot, que habitaron en el número 21.

En la actualidad, el Museo Picasso es uno de los más frecuentados de la Ciudad Condal y es cita obligada, como lo es la Sagrada Familia o la obra de Gaudí, para todos los extranjeros que nos visitan. Es, además, uno de los museos más didácticos que existen para valorar la ingente obra de su autor. Junto a sus lienzos se exhiben también dibujos y grabados considerados esenciales para evaluar paso a paso cuál ha sido el proceso de evolución picassiano. Como él mismo manifestó: «Sería interesante conservar fotográficamente no las etapas sino las metamorfosis de una pintura. Posiblemente cabría descubrir entonces el camino seguido por el cerebro al materializar un sueño. Pero hay una cosa muy extraña: observar que básicamente una pintura no cambia, que la primera visión permanece casi intacta a pesar de las apariencias... Una pintura no es pensada y decidida de antemano. Mientras se está haciendo, cambia como cambian los pensamientos de cada uno».

A través de las colecciones del museo picassiano se observan algunas cualidades que el artista conservará durante toda su vida. Por eso quien quiera adentrarse en la obra del pintor tiene una visita inexcusable: el Museo Picasso de Barcelona.

CAPÍTULO XXVII
LA LABOR DE UN HOMBRE INQUIETO

La llama artística no se había extinguido en aquel hombre octogenario, más bien todo lo contrario. Lo mismo que su afán de notoriedad, jamás desmentida. Y así, aunque no se desplazó para asistir a la exposición «Picasso y el teatro», que se preparaba en el Museo de los Agustinos de Toulouse, en el taller tenía preparados ya decorados y telones para los ballets a los que había brindado su arte, desde *Parade*, en 1917, a *Icaro*, en 1962.

Asimismo, conservaba los retratos hechos a Olga Koklova, Diaghilev, Satie, Falla y Jean Cocteau.

Su biógrafa Mercedes Guillén admiró tantas riquezas en su taller, a punto de ser trasladadas al Museo, y cuando hizo un comentario al respecto, el artista le respondió:

> *Lo que se deja en la tela es lo que se piensa, lo que es. La personalidad no existe fuera del pintor, no añade nada a la pintura: está dentro.*

La nueva exposición fue un gran éxito, y en su inauguración se recitaron versos de Rafael Alberti, Lorca y Miguel Hernández.

Picasso, enfermo de gravedad

Finalmente, el fuerte y resistente Pablo Picasso cayó verdaderamente enfermo. Fue operado de la próstata y trasladado a

157

Notre-Dame de Vie, donde fue lentamente recuperándose. Todavía en cama, escribió unas disertaciones sobre *El entierro del Conde de Orgaz* del Greco, que finalizó siendo un poema extenso.

Se restableció por completo y todavía reanudó su ingente labor, realizando diversos grabados sobre ladrillos, que fueron exhibidos en el Museo de Vallauris. Jacqueline estaba en ellos repetida numerosas veces, en barro, cerámica, y hasta en un camafeo, con el cabello muy largo.

Una magna exposición

Casi a punto de cumplir los ochenta y cinco años, Jean Laymarie, en colaboración con André Malraux, ministro de Cultura de Francia, preparó una magna exposición de Picasso, para la que el gobierno francés dio toda clase de facilidades. Así se lee en *Le Monde*:

> *No sabemos si es el Grand Palais el que honra a Picasso, o si, por el contrario, es el más prodigioso inventor de formas de la pintura de este siglo, quien realza el prestigio renaciente del Grand Palais.*

Pero Picasso no pensaba que evolucionaba, por lo que contó su concepto del trabajo en unos párrafos insertos en el catálogo de dicha exposición, junto a escritos de Eluard y Leymarie:

> *Nunca efectué ni ensayos ni experimentos... Motivos diferentes requieren métodos diferentes. Lo cual no significa ni evolución ni progreso sino simplemente una relación entre la idea que se desea exponer y el medio de expresarla.*

Se acerca el final

Todo el mundo estaba ya pendiente de Picasso, a causa sobre todo del entusiasmo suscitado por la Exposición, contenida en tres salas oficiales: Grand Palais, Petit Palais y Biblioteca Nacional.

> *Las casas de cultura del Estado y entidades independientes organizan ciclos de conferencias y presentan películas sobre la obra de Picasso; el Instituto de Altos Estudios invita a los artistas a que diserten sobre temas picassianos; la radio y la televisión emiten diariamente opiniones de historiadores, críticos de arte, de poetas, de marchantes de cuadros; las revistas preparan números extraordinarios; el Ayuntamiento de Chatillon ofrece treinta obras originales: litografías, grabados, aguafuertes... Llegan aviones y autocares de todos los países...*
>
> *Esta representación simultánea de miles de obras es la labor de setenta años del artista más personal y más universal de España. Hay ceniceros, llaveros, sellos Picasso y hasta unos panecillos en forma de mano llamados Picasso...*

Se trata, pues, de una verdadera revolución en el arte. El gobierno de Francia deseaba que Picasso se nacionalizara francés, pero el pintor prefirió seguir siendo español hasta su muerte, pese a su encono contra el dictador Franco.

Y Pablo Picasso vivió en Notre-Dame de Vie los últimos instantes de su agitada vida, al lado de Jacqueline, que le cuidó como una madre.

Picasso pierde a otro amigo

Picasso trataba por todos los medios de tener noticias sobre el estado de su gran amigo Sabartés, a quien sabía enfermo en Cannes. Al fin, Sabartés falleció el 13 de febrero de 1968, a los ochenta y seis años de edad.

Fue Pilar, su muchacha, la que se trasladó a casa de Picasso para comunicar la noticia y hacer entrega al pintor del epistolario dirigido a su jefe y amigo en el transcurso de tantos años.

Picasso, entonces, decidió enviar dichas cartas al museo barcelonés, con la orden de no hacerlas públicas hasta cincuenta años más tarde, es decir, en el año 2018.

En septiembre de 1969, Picasso recibió la visita de su viejo amigo Manuel Pallarés, ya con noventa y tres años a cuestas. A Pallarés le acompañaban su hijo, Josette Gris y Mercedes Guillén.

Todos almorzaron juntos, pese a que Picasso ya tenía prohibidos varios alimentos.

Muerte de un genio

En julio de 1970 se ofreció otra exposición de Picasso en la Grand Chapelle del palacio de los papas en Avignon, con ciento sesenta y cinco pinturas grandes y cuarenta y seis dibujos aún frescos.

Sin embargo, fue más importante la muestra de sus obras, instalada en el Museo del Louvre, en París, en 1971, para festejar los noventa años del pintor malagueño.

También en España se conmemoró tal acontecimiento, y las revistas ilustradas le dedicaron números especiales. Málaga también le rindió honores, dándole su nombre a los jardines de la Alameda, creando becas para los alumnos de Bellas Artes, entregándole al pintor un cuadro de su padre, y dando el nombre de Picasso al futuro Museo de Arte Moderno.

También La Coruña celebró el aniversario, recordando que fue allí donde el genial pintor pasó parte de su niñez.

160

En Nôtre-Dame de Vie no se permitía el acceso a nadie, con excepción de Rafel Alberti y María Teresa León.

Por fin, ante la gravedad de la enfermedad que le aquejaba, Picasso se trasladó a París en compañía de Jacqueline para ser reconocido por un médico. De regreso a su villa, fue el doctor quien le visitó para tratarle de la bronquitis que padecía.

Luego, la noche del sábado 7 de abril, estuvo en Cannes con su esposa y el abogado Armand Antebi y su mujer, que habían sido testigos de su última boda. Después cenaron en Notre-Dame de Vie y, terminada la cena, Picasso se retiró a su estudio como era su costumbre. Todos pensaron que, como también solía hacer, estaría pintando hasta bien entrada la madrugada.

En efecto, fue ya de madrugada cuando se retiró a descansar.

> *Nadie ha averiguado si se encontraría mal o si lo silenció hasta llegar a su cama, donde Jacqueline lo encontró inánime a las 11:40 de la mañana.*
>
> *Llamados urgentemente los doctores Rance y Andrieu, no pudieron hacer otra cosa que certificar su defunción. Picasso tenía noventa y dos años y medio, llenos de labor artística y de una gran humanidad.*

Su hijo Pablo acudió rápidamente a Nôtre-Dame de Vie, y asimismo hicieron acto de presencia Maya, Claudio y Paloma, aunque no se les permitió la entrada en la villa.

Tampoco pudo entrar Pablito, el nieto del pintor, el cual, hondamente afectado, intentó suicidarse, y en realidad lo consiguió, puesto que falleció poco después en el hospital de Antibes a consecuencia de un envenenamiento.

Aunque Picasso siempre manifestó su deseo de ser enterrado en Notre-Dame de Vie, junto a los cipreses y olivos que había amado tanto, tal deseo no fue cumplido, siendo enterrado finalmente en el castillo de Vauvenargues.

Así se cumplió todo el ciclo vital del pintor malagueño que llevó el estandarte del arte español por todos los ámbitos internacionales.

Cualesquiera que fueran sus temas, sus motivos, Picasso los transformó, les confirió un aliento parecido al de su propio vivir, o lo que es lo mismo, una violencia mal contenida, un acento desesperado, un carácter en cierto modo bravío, turbio e inquietante, pero sobre todo, muy español. Curioso e insatisfecho, irritante y fascinante, generoso y avaro de sus sentimientos, colmado de gloria y riquezas, siguió trabajando, no obstante, hasta el final, como un esclavo; esclavo de su genio impaciente, pero también con el señorío de su fuerza, de sus facultades.

Prodigiosamente activo, nunca en reposo, ignorando qué es la fatiga, buscando sin cesar en el mundo una dicha siempre fugitiva, como la caducidad de las rosas, sin hallar más que angustia, duda y furor. No se puede estudiar su ingente producción si no se adentra uno en su vida. Todos los hechos, todos los acontecimientos de que fuera protagonista o testigo quedaron plasmados en sus obras diversas. Sus amores y desdenes, sus tormentos y sus caprichos, sus rebeldías y presunciones sirvieron de alimento a su arte. Heredero de la tradición humanista, individualista por temperamento, anarquista de raza, sus acciones y reacciones no podían preverse, saltaban repentinas y brutales.

Incrédulo, no quiso creer más que en sí mismo. Como revolucionario desconcertó a sus seguidores. Negándolo todo afirmó con orgullo su personalidad. Picasso fue, pues, un gran espíritu contradictorio, contradicción que alentaba el nacimiento de nuevas formas.

No hay unidad ni continuidad ni estabilidad en su obra, como no la hubo en su vida. Inconstante, múltiple, fogoso y

Picasso entre dos esculturas, ante la villa La California, donde residió desde los 72 años.

repentino, era amable o insolente, sincero o afectado, encantador o descortés, tanto una cosa como la otra según el humor momentáneo. Y a pesar de ello, fue siempre fiel a su único amor: el de la libertad.

Fue del naturalismo al expresionismo, del expresionismo al clasicismo, del clasicismo al romanticismo, luego al realismo, a la abstracción para retornar al naturalismo y recomenzar la infatigable búsqueda, alternando la gracia con lo monstruoso. Picasso va y viene y vuelve a partir, sin dejar de ser nunca pese a tantas metamorfosis, un inveterado barroco. Cuando se propone ser clásico asombra menos y no conmueve. Fue demasiado individualista, demasiado deseoso de sorprender y chocar, demasiado rebelde a todo freno, a toda visión serena del universo, para aceptar limitaciones, disciplina, humildad.

Plasmó menos frecuentemente la felicidad, la esperanza y alegría de vivir, que una incurable inquietud, el drama del hombre que lucha con la naturaleza, que se rebela contra su propio destino. Su propio drama. Cuando se mostraba travieso o bromista, cuando deseaba agradar o seducir, su máscara no podía ocultar por completo la realidad de la muerte. Deseó siempre ir más lejos y absorberlo todo porque sentía la necesidad de ser aborbido él mismo. Aun siendo el más innovador de todos, Picasso es, sin embargo, el último eslabón de una trayectoria que se había iniciado cinco siglos atrás con las italianas Paolo Uccello y Miguel Ángel, para continuar con Velázquez más tarde con Goya, «su más próximo antepasado».

164

CAPÍTULO XXVIII

EL LEGADO DE PICASSO

¿Era francés o era español?

«Picasso vuelve su corazón a España», fue uno de los titulares que el periódico *L'Express* le dedicó con motivo de la importante donación al Museo Picasso de Barcelona.

La reacción en Francia frente a la donación fue espantosa. Se intentó demostrar, una y mil veces, que Picasso era francés.

Naturalmente, el hombre, el pintor, el artista, en definitiva, se reía de tal afirmación. Él era español, a pesar de no compartir las ideas de la dictadura franquista. Y, aunque había renunciado a Málaga, se podría decir que estaba enamorado de Barcelona. Más de una vez se había intentado que Picasso se nacionalizase francés, pero no se había conseguido por ningún medio.

Cada día estoy más satisfecho de haber hecho la donación a Barcelona. La reacción de los españoles es la mejor prueba de que merecen estos gestos.

La cotización de los cuadros del genial pintor alcanzaban, en vida, cantidades que ningún otro pintor vivo había logrado hasta entonces. Tenemos el ejemplo de Van Gogh. Durante su vida únicamente logró vender un cuadro. Ahora, ciertamente, es el pintor más cotizado junto con Picasso. Pero la

165

diferencia es que Picasso fue genio mientras vivió y no dejó de serlo al morir.

La fortuna que poseía Pablo Ruiz Picasso era verdaderamente incalculable. A su propia producción se había de añadir la colección de cuadros y esculturas de pintores como Miró, Gris, Matisse, Braque, Cézanne, Modigliani, etcétera.

Fue precisamente el 23 de febrero de 1970 cuando hizo acta notarial de la donación de su legado al Museo Picasso de Barcelona.

El Legado estaba redactado en los siguientes términos:

Yo, Pablo Picasso, de nacionalidad española y vecino de Mougins, declaro que:

Otorgo donación a la ciudad de Barcelona, y en su representación al Ayuntamiento de la misma, para la instalación y conservación en el Museo Picasso, sito en la calle de Moncada, de todas las pinturas, dibujos y demás obras reseñadas en la relación adjunta, con excepción de los cinco retratos de mi hermana, el de un niño y los señalados con los números 754, 455, 456, 459, 960, 461, 963, 967, 964, 961, 966, en dicha relación, que, junto con otras obras mías que les entregaré, serán recibidas por mis sobrinos don Francisco Javier, don Jaime, doña María Dolores y don Pablo Vilató Ruiz, en concepto de donación y consideración al cariño que les profeso.

Al mismo tiempo, declaro y otorgo que la colección a que se refiere el apartado anterior, la de pinturas conocidas por Las meninas *y las demás pinturas, dibujos, grabados, cerámicas y otras obras entregadas por mí al Museo Picasso de Barcelona, en concepto de donación, ratificado en este acto, así como todas las que pudiera legar en el porvenir, han sido y serán*

entregadas, con la expresa condición de que sean ade-
cuadamente instaladas y conservadas, y que por nin-
guna causa puedan llegar a ser trasladadas a ningún
otro lugar sin mi personal autorización.

Algún tiempo después de ser anunciada la donación empezó la restauración de gran parte de los cuadros de Pablo Picasso.

Se deben destacar, entre las muchas obras que forman parte de la colección del Museo Picasso obras como *Ciencia y cari-dad, La primera comunión, Personaje, Frutero, Manola, El balcón, Bailarina*, etcétera.

Abundan los autorretratos y retratos como los de la hermana del artista, Casagemas, Nonell, Pallarés, etcétera.

En total, fueron doscientas treinta y una pinturas al óleo, realizadas sobre papel, lienzo o tabla, de dimensiones muy variadas. Seiscientos ochenta y un dibujos a lápiz, tinta, carbón, papel, guache y acuarela; trece grabados; diecisiete álbumes con dibujos y cinco libros con dibujos.

Y en Barcelona, como consecuencia de todo ello, se encuentra la mayor riqueza de la obra picassiana. En un periódico francés se pudo leer, al poco tiempo de conocerse el valor de la donación:

El conjunto donado a Barcelona es único en el
mundo. En verdad, sorprende a propios y extraños,
pues el hecho es que hasta ahora Picasso se había
mostrado muy avaro con su obra. Es muy posible que
su esposa Jacqueline haya influenciado de manera
muy notable al pintor para que efectuara el legado.
Porque ella sabe, mejor que nadie, el gran afecto que
él siente por Barcelona.

Picasso, en realidad, se sintió muy satisfecho de esta donación, hecha a la memoria de su amigo Sabartés. Recibió innumerables cartas y telegramas de todas partes de España agradeciéndole el gesto.

Terminemos la biografía con un poco de humor, un poco de sonrisa, gracias a la aportación de otro artista, un catalán universal, fallecido hace poco, contradictorio y discutido como el que más, pero que nos viene como anillo al dedo para despedirnos de Picasso, de su obra y de su contacto con Barcelona. Se trata del inefable Salvador Dalí y que recoge Miguel Utrillo en el libro *Salvador Dalí y sus enemigos*. Capítulo: «Picasso y Yo». Barcelona. Ediciones Maspe, 1952.

> *Señores: Como siempre, pertenece España al mundo de los máximos contrastes. Esta vez en la persona de los dos pintores más antagónicos de la pintura contemporánea: Picasso y Yo, servidor de ustedes. Picasso es español; yo también; Picasso es un genio; yo, también. Picasso tendrá unos 72, y yo tengo unos 48. Picasso es conocido en todos los países del mundo; yo también. Picasso es comunista; yo tampoco**
>
> *¿Por qué Picasso se volvió comunista? Mi opinión es que hay dos factores: uno, determinante y decisivo, y el otro, de preparar el ambiente. El que prepara el ambiente, es el hecho de que Picasso ha tenido siempre una especie de gusto, casi patológico, por la miseria y por la gente pobre. Esto está ligado al lado sentimental y a todos sus recuerdos de la bohemia de Barcelona. Ese gusto a la pobreza cristaliza en su famoso período azul. Siendo tan rico como es, la miseria le tiene que gustar por ella misma.*

---

* Un comunista muy singular, por cierto, de nombre, pero no de carácter. ¿Cómo se puede llamar comunista a un anarquista tan integral como Picasso, por su obra, y a una persona que repudia estar sujeto a ningún tipo de disciplina?

El otro factor es que en el momento de estallar la Guerra Civil un grupo de intelectuales republicanos españoles decidieron enviar un telegrama a Picasso nombrándole director del Museo del Prado. Este telegrama le conmovió y se sintió solidario de sus españoles que en aquel momento —muchos— no se acordaban ni de que existía. Ayudó a la causa republicana y terminó por hacerse comunista. Un día no muy lejano aparecerá como monstruosa curiosidad el hecho de que un fenómeno estético y españolísimo como el cubismo —que posee como origen la geometría iconoclasta del arte hispanoárabe— inventado esencial y sustancialmente por dos españoles: Picasso y Juan Gris, ha sido considerado durante años como patrimonio de la inteligencia francesa.

Y terminaba:

Nosotros que creemos en la libertad absoluta del alma humana... a pesar de tu actual comunismo, consideramos tu genio anárquico como patrimonio inseparable de nuestro imperio espiritual y a tu obra como una gloria de la pintura española. Dios te guarde. Madrid 11 de Noviembre de 1951. Salvador Dalí.

A pesar de la plenísima época franquista en que está redactado el artículo y de la inconfundible ironía daliniana, creemos que resulta harto esclarecedor del alma de Pablo Picasso: un español anárquico en su obra por los cuatro costados y con un amor ascético, franciscano por los humildes y desarraigados a los que predica con su propio ejemplo, y un rechazo de la violencia y de todo totalitarismo fascista.

CRONOLOGÍA

1881 — Nace Pablo Ruiz Picasso en Málaga, el 25 de octubre.

1883 — Fallece su abuelo materno en Cuba.
— Nace la hermana de Pablo, Lola.

1887 — Nace otra hermana de Picasso, a la que imponen el nombre de Concepción.

1890 — En óleo sobre madera, Picasso compone su primera pintura conocida, *El Picador*.

1891 — La familia Picasso se traslada a La Coruña, en cuyo instituto Da Guarda su padre da clases como profesor de segunda enseñanza.

1892 — Fallece su hermana Concepción.

1894 — Pablo Ruiz Picasso dibuja *El hombre de la gorra*.

1895 — La familia Picasso se traslada a Barcelona, pero aquel verano vuelven a Málaga. De paso por Madrid, Pablo visita por primera vez, muy ilusionado, el Museo del Prado.

1896 — Dibuja *Ciencia y caridad*.

1897 — Pablo pasa el verano en Málaga.
— Se inscribe en la Escuela de Bellas Artes de Madrid, y allí se instala.
— Más adelante, expone sus telas en la Escuela Nacional de Bellas Artes.
— Pinta *El Monaguillo*, *La Primera Comunión* y *Escena de taberna*.

1898 — Picasso pasa una temporada en Horta de San Juan con su buen amigo Pallarés, de origen catalán.
— Sus pinturas de este año son *Josefa Sebastiá Mandra* y *Costumbres aragonesas*.

1899 — En el mes de abril Picasso llega a Barcelona.
— Pinta *Retrato de Lola* y hace una escultura: *Mujer sentada*.

1900 — Hace una escapada a París, donde reside durante muy breve tiempo.
— Pasa el fin de siglo en Málaga.
— Pinta y dibuja, y sus dibujos son publicados en las revistas *Juventud* y *Cataluña artística*.

172

Picasso en el tiempo de su matrimonio con Jacqueline, casi a los 80 años.

173

1901 — Vuelta a Barcelona, aunque en junio se instala en París.
— Se apena mucho por el suicidio de su buen amigo Carlos Casagemas.
— Pinta *El entierro de Casagemas*.
— Funda la revista *Arte Joven*, junto con Soler.

1902 — Se traslada a Barcelona, pero en junio presenta una exposición en París.
— Pinta *Niña sentada* y *Dos hermanas*.

1903 — Retorno a Barcelona.
— Pere Romeu cierra su establecimiento *Els Quatre Gats*.
— Picasso pinta *La familia Soler*, *El viejo guitarrista* y *La vida*.

1904 — Nuevo viaje a París en el mes de abril.
— Instala su estudio en Bateau-lavoir.

1905 — Gran acontecimiento: este año conoce a Matisse y se une a Fernande Olivier.
— Las pinturas son *El actor* y *Familia de saltimbanquis*.
— Hace una escultura: *Arlequín*.

1906 — Picasso y su amiga Fernande Olivier llegan a Barcelona.
— Este año pinta *Dos desnudos* y *Gertrude Stein*.

174

1907 — Sus obras son: *Adán y Eva*, *Desnudo con ropaje* y *Las señoritas de Avignon*, uno de sus cuadros más famosos.

1908 — Picasso vuelve a España donde pasa todo el verano.
— Pinta *Casa con jardín*, *Cabeza* y *Dos desnudos*.

1909 — Durante la Semana Trágica de Barcelona, Picasso se halla en esta ciudad.
— Este año pinta *Uhde*, *Fuente de frutas*, *Arlequín* y *Vollard*.

1910 — Picasso veranea con Fernande en Cadaqués.
— Sus telas son *Desnudo de mujer*, *El acordeonista*, *El poeta* y *El torero*.

1911 — Pinta *El pichón con guisantes*.

1912 — Rompe con Fernande y conoce a Marcelle Hubert.
— Pinta un *Bodegón* y *Naturaleza muerta con lámpara de gas*.

1913 — Fallece el padre de Picasso.
— Pinta *La chimenea*, *Pipa, vaso y manzana* y *Mujer en camisa*.

1914 — Este año pinta *Muchacha sentada en un sillón frente al fuego.*

1915 — Picasso es padrino de bautizo del hijo de Max Jacob.
— Pinta *Max Jacob* y *Vive la France!*

1916 — Picasso conoce a Jean Cocteau.
— Pinta *Guitarrista* y *Guillermo Apollinaire.*

1917 — Picasso se desplaza a Roma y conoce a Olga Koklova en la compañía de ballet de Diaghilev.
— En Barcelona, presenta Olga a su familia.
— Pinta los decorados del ballet *Parade, Mujer con mantilla, Olga Koklova, Caballo y toro, Diaghilev* y *Salisbury.*

1918 — Picasso se casa el 12 de junio.
— Pinta *Los bañistas* y *Pierrot sentado.*

1919 — Viaja a Londres.
— Pinta los decorados de El sombrero de tres picos, para la obra de Manuel de Falla, y *Musa frente a la ventana.*

1920 — Hace los decorados de *Pulcinella* (Polichinela), de Strawinsky, y *Dos mujeres sentadas.*

1921 — Nacimiento de su hijo Pablo.

— Pinta los decorados de *Cuadro flamenco*, y los cuadros *Carnaval* y *Madre e hijo*.

1922 — Pinta el telón de fondo de *La siesta de un fauno* y de *Antígona*.

1923 — Picasso pasa una temporada en la Costa Azul y conoce a André Breton.

— Pinta *Muchacha en azul*, *Mujer sentada*, *La danza* y *Melancolía*.

1924 — Sus cuadros son *Mandolina y guitarra* y varios dibujos.

1925 — Los Picasso residen en primavera en Montecarlo.

— Pinta *El estudio*, *Tres bailarinas* y *Pablo vestido de torero*.

1926 — *Guitarra*, hecho con tapicería, clavos, periódicos y cuerdas. *Cabeza*.

1927 — Veranea en Cannes y pinta *Bañista*, *El pintor y la modelo haciendo punto*.

1928 — Pinta *En la playa* y hace una escultura con alambre de acero.

1929 — Picasso conoce a Salvador Dalí y pinta *Proyecto para monumento* y *Mujer en un sillón*.

1930 — Pinta un óleo sobre madera titulado *Crucifixión*.

1931 — Picasso pinta *Jarro y fuente de frutas* y fabrica una escultura de bronce.
— Este año se proclama la II República Española.

1932 — Pablo se enamora de Thérèse Walter.
— Pinta al óleo *Muchacha sentada en un sillón rojo*.

1933 — Poblo pinta *La orgía del Minotauro*, y Fernande Olivier publica *Picasso y sus amigos*.

1934 — El editor suizo A. Skira, director de Minotauro, publica *Las Metamorfosis*, de Ovidio, en una edición de lujo ilustrada por Picasso.
— Pinta *Corrida de toros*.

1935 — Nace su hija Maya, de Thérèse Walter.
— Pablo conoce a Dora Maar.
— Pinta *Minotauromaquia* y *Minotauro ciego*.

1936 — Picasso vuelve a España y presenta exposiciones en Barcelona, Madrid y Bilbao.

1936 — Pinta *Desnudo sobre cielo estrellado*.
— Estalla la Guerra Civil española.

1937 — El gobierno de la República le nombra director del Museo del Prado.
— Recibe el encargo oficial para el pabellón español de París.
— Pinta su famoso cuadro *Guernica*.

1938 — Pablo viaja a París y Niza, y se entrevista con sus amigos Paul Klee y Matisse.
— Pinta el cuadro *Bodegón con cabeza de toro*, *Mujer en el jardín* y *Hombre con sombrero de paja*.

1939 — Picasso se halla en Royan cuando las tropas alemanas invaden Francia.
— Fallece su madre en Barcelona.
— Expone en Nueva York.

1940 — En agosto, Pablo regresa a París.
— Pinta *Desnudo peinándose* y *Café en Royan*.

1941 — Pinta *Bodegón*, *Desnudo durmiendo*, y en bronce hace *Cabeza de Dora Maar*.

1942 — Se publica la *Historia Natural* de Buffon, con ilustraciones de Picasso, y pinta *Bodegón del cazo esmaltado*.

1943 — Picasso conoce a François Gilot.
— Pinta *Mujer sentada en una mecedora*.

1944 — Picasso conce a Geneviève Laporte.
— Su amigo Max Jacob muere en un campo de concentración nazi.
— Escribe *El deseo atrapado por la cola*, comedia.

1945 — Picasso se afilia al Partido Comunista de Francia.
— Pinta *Paisaje en París* y *El osario*.

1946 — Pinta un óleo sobre fibrocemento, *Pastoral* y *Ulises y las sirenas*.

1947 — Nace su hijo, de Françoise, al que le pone el nombre de Claude.
— Este año, a invitación del Gobierno, Picasso se traslada a Polonia con motivo del Congreso Mundial de la Paz.

1948 — Pinta la *Paloma de la paz*, *Cerámica*, de forma femenina.

1949 — Nacimiento de su hija Paloma.

1950 — Picasso asiste al Congreso de la Paz, en Londres.

1951 — Pinta al óleo sobre madera, *Los fusilamientos de Korea*, y *Madre y niños con naranja*. Otro óleo es *Chimeneas de Vallauris*, y en tela, *Caballeros y pajes*. Vaso de cerámica, y el bronce *Mono con monito*.

1952 — Al óleo pinta *La guerra, la paz*. Escribe un drama en seis actos: *Las cuatro doncellitas*.

1953 — *Tres palomas* y una cerámica.

1954 — Picasso va a vivir con Jacqueline Roque a Cannes.
— Pinta *Las mujeres de Argel*, basado en el cuadro de Delacroix, y *La modelo y el mono pintor*.

1955 — Muere Olga Koklova.

1956 — Cluzot rueda la película *Le mystêre Picasso*, interpretada por el propio Pablo. Pinta *Jacqueline Roque en el estudio* y *El estudio*, ambos al óleo.

1957 — Película *Le regard Picasso*, dirigida por Nelly Kaplan.

— Pinta una *Variación de Las Meninas*, de Velázquez, y *Desayuno sobre la hierba*. Hace una cerámica: *Fuente con corrida de toros*.

1958 — Picasso se casa finalmente con Jacqueline Roque.

— Ejecuta un gran mural para la sede de la Unesco, en París, por encargo oficial.

1959 — Publica *Toros y toreros* y ejecuta las aguatintas de *La Tauromaquia de Pepe Illo*.

1960 — Pinta el telón de *L'après-midi d'un faune*, de Debussy, para Serge Lifar.

1961 — Picasso adquiere la villa Notre Dame de Vie, en Mougins.

— En su ochenta aniversario, el pueblo de Vallauris le rinde un homenaje.

— Picasso reconoce legalmente a sus hijos Maya, Paloma y Claude.

1962 — Consigue el premio Lenin y pinta el telón de fondo para el ballet *Icaro*, de Sergio Lifar.

1963 — Creación del Museo Picasso en el palacio Berenguer de Aguilar, en la calle de los condes de Moncada, en Barcelona.
— Muere Georges Braque.

1964 — Se celebran exposiciones retrospectivas en Tokio, Montreal, Toronto, Kioto y Nagoya.
— Françoise Gilot publica en Estados Unidos *Vivir con Picasso*.

1965 — La compañía de ballet de Nijinski actúa en Toulouse con *L'aprés-midi d'un faune*.

1966 — Exposición en el Museo de Vallauris de grabados de Picasso sobre ladrillos pintados.
— André Malraux, ministro de Cultura de Francia, pronuncia una conferencia para la inauguración de una exposición picassiana en el Grand Palais de París.

1967 — Picasso está enfermo y apenas abandona su hogar.
— Recibe la visita de numerosos amigos.

1969 — Le visita su amigo Manuel Pallarés, que cuenta noventa y tres años.
— Picasso hace un dibujo a tinta color: *Mujer de pie*, y otro, *Al aire libre*.

1970 — Se celebra una exposición con obras de Picasso en el Museo del Louvre.

— Pinta con lápices de colores *Cabeza de Arlequín*.

— Francia entera celebra el noventa aniversario de Picasso.

1972 — Pablo Ruiz Picasso hace donación a España de cuatro mil cuadros de su colección personal y secreta.

1973 — El 8 de abril, en Notre Dame de Vie, muere el gran pintor malagueño Pablo Ruiz Picasso.

*Mirada profunda y rostro adusto, características del genio del arte
universal que fue Pablo Picasso.*

185

ÍNDICE